10대를 위한
돈으로
살 수 없는 것들

WHAT MONEY CAN'T BUY
Copyright ⓒ 2012 by Michael J. Sandel
All rights reserved

Korean translation copyright © 2023 by Mirae N Co., Ltd
Korean translation rights arranged with ICM Partners
through EYA Co.,Ltd, Seoul.

이 책의 한국어판 저작권은 EYA(Eric Yang Agency)를 통한
ICM Partners사와의 독점계약으로 주식회사 미래엔이 소유합니다.
저작권법에 의하여 한국 내에서 보호를 받는 저작물이므로 무단전재 및 복제를 금합니다.

사진 출처 셔터스톡(www.shutterstock.com)

일러두기
- 마이클 샌델의 《돈으로 살 수 없는 것들》을 요약 발췌하여 10대가 읽기 쉽게 쓴 책입니다.
- 인명, 지명 등의 고유 명사는 국립국어원 외래어 표기법에 따랐습니다.

10대를 위한
돈으로 살 수 없는 것들

마이클 샌델 원저 · 이현희 글 · 김선욱 감수

WHAT MONEY CAN'T BUY

Mirae N 아이세움

차례

함께 생각하는 시장의 한계　6
들어가며　8

1　줄 서지 않고 입장할 수 있다면?　10
《돈으로 살 수 없는 것들》 1 새치기 수록 내용

2　누구보다 먼저 진료받을 수 있다면?　18
《돈으로 살 수 없는 것들》 1 새치기 수록 내용

3　돈으로 성적을 올릴 수 있을까?　26
《돈으로 살 수 없는 것들》 2 인센티브 수록 내용

4　돈으로 건강을 살 수 있을까?　36
《돈으로 살 수 없는 것들》 2 인센티브 수록 내용

5　벌금과 요금은 다르다고?　46
《돈으로 살 수 없는 것들》 2 인센티브 수록 내용

6　동물 사냥권을 판다고?　54
《돈으로 살 수 없는 것들》 2 인센티브 수록 내용

7　돈으로 살 수 없는 것은?　66
《돈으로 살 수 없는 것들》 3 시장은 어떻게 도덕을 밀어내는가 수록 내용

8　선물이 좋을까? 현금이 좋을까?　76
《돈으로 살 수 없는 것들》 3 시장은 어떻게 도덕을 밀어내는가 수록 내용

9 우리 동네에 핵 폐기장을 짓는다고? 84
《돈으로 살 수 없는 것들》 3 시장은 어떻게 도덕을 밀어내는가 수록 내용

10 혈액을 판다고? 94
《돈으로 살 수 없는 것들》 3 시장은 어떻게 도덕을 밀어내는가 수록 내용

11 죽음을 돈으로 계산하면? 106
《돈으로 살 수 없는 것들》 4 삶과 죽음의 시장 수록 내용

12 아직 살아 있냐고? 114
《돈으로 살 수 없는 것들》 4 삶과 죽음의 시장 수록 내용

13 테러를 돈으로 예측할 수 있다면? 122
《돈으로 살 수 없는 것들》 4 삶과 죽음의 시장 수록 내용

14 야구장에서 잃어버린 것은? 134
《돈으로 살 수 없는 것들》 5 명명권 수록 내용

15 머니 볼 전략이 놓친 것은? 144
《돈으로 살 수 없는 것들》 5 명명권 수록 내용

16 광고가 넘쳐 나는 세상에 살면? 154
《돈으로 살 수 없는 것들》 5 명명권 수록 내용

17 특별함에 숨겨진 비밀은? 164
《돈으로 살 수 없는 것들》 5 명명권 수록 내용

《10대를 위한 돈으로 살 수 없는 것들》에 대하여 172
나만의 답을 찾아보세요! 176

찾아보기 178

함께 생각하는 시장의 한계

김선욱_숭실 대학교 철학과 교수

《돈으로 살 수 없는 것들》은 마이클 샌델 교수가 《정의란 무엇인가》 다음에 쓴 책으로, 문화에 대한 시장의 영향력 문제를 다루는 책입니다. 마이클 샌델 교수는 우리가 살아가면서 맞닥뜨리는, 이렇게도 저렇게도 하기 어려운 사례를 활용하여 도덕적 고민을 하게 합니다. 어느 쪽을 선택해야 좋을지 판단을 내리기 어려운 '도덕적 딜레마'를 고민하면서 우리는 우리의 생각을 돌아보며 판단력을 성장시키게 됩니다.

문화란 인간이 함께 살아가며 공유하게 된 관습, 믿음, 습관, 가치 등을 말합니다. 인간은 문화를 만들고 또한 문화의 영향을 받으며 살아갑니다. 문화는 물고기가 사는 물과 같습니다. 어떤 물을 만나는가에 따라 물고기의 삶은 달라집니다. 바닷물의 온도가 조금씩 변화할 때는 그것을 민감하게 알아차리기 어렵습니다. 그러나 바닷물 온도가 1도 올라가면 물고기는 심각한 문제를 겪게 됩니다. 이렇듯 우리가 변화한 문화에 위기를 느낄 때는 이미 심각한 상황인 경우가 많습니다.

현재 우리 문화의 가장 큰 문제는 시장의 영향력이 너무나 강하다는 점입니다. 산업은 돈을 동력으로 움직이지만, 우리의 삶을 둘러싼 문화 전체가 돈의 지배를 받는 것은 심각한 문제입니다. 돈으로 거래해서는 안 되는 것이 거래되면 문화에 심각한 변질이 발생하기 때문입니다.

 돈으로 어떤 일이든 해도 될까요? 돈을 쓰면 안 되는 일은 없는 걸까요? 돈을 벌기 위해서라면 무슨 짓을 해도 괜찮은 걸까요?

 우리는 아무리 돈이 중요해도 해서는 안 될 일이 있다고 믿습니다. '돈이 필요해서 저런 짓까지 하는구나!'라는 생각에는 '그래도 저런 짓은 해서는 안 되는데!'라는 생각이 깔려 있습니다. '그러면 돈으로 할 수 있는 것의 한계는 무엇일까?' 바로 이것이 우리가 고민해야 할 문제입니다.

 우리말로 번역하여 출간된 《돈으로 살 수 없는 것들》에는 '무엇이 가치를 결정하는가'라는 부제목이 붙어 있습니다. 우리 사회에서 가치는 사용 가치, 미적 가치, 본질적 가치, 교환 가치 등 다양한 형태로 존재합니다. 우리는 어떤 사물이나 행위가 갖는 본질적 가치에 주목합니다. 우정은 아름다운 것이지만, 친구 관계를 돈으로 움직이려고 한다면 더는 아름다운 우정으로 남지 못합니다. 돈이 우정의 본질적 가치에 영향을 미쳐 가치가 변질하기 때문입니다.

 《돈으로 살 수 없는 것들》의 영어판 부제목은 '시장의 도덕적 한계(The Moral Limits of Markets)'입니다. 우리가 행해야 하는 옳은 일이 무엇인지 따지는 것이 도덕입니다. 우리는 시장의 영향력이 점차 커져 가는 자본주의 세상에서 살아가고 있습니다. 이러한 세상을 살아갈 때 시장이 우리 삶의 모든 면을 지배하지 않도록 도덕적으로 따지는 일은 무엇보다 중요해졌습니다.

 그러한 점에서 마이클 샌델이 던지는 돈과 시장의 가치 그리고 그것의 한계를 함께 생각해 볼 수 있는 기회를 놓치지 않길 바랍니다.

들어가며

세상에는 돈으로 살 수 없는 것이 있어요. 하지만 요즘에는 그리 많지 않은 듯해요. 과거에는 상상도 못했던 거래가 이루어지고 있기 때문이지요.

대리 줄 서기, 대리 사과, 우선 진료, 결혼 축사, 이민 권리, 탄소 배출권……. 불과 30, 40년 전만 해도 대부분 들어 본 적 없는 상품들이 오늘날에는 시장에서 거래되고 있어요. 과거에는 시장과 관련 없던 삶의 영역에 시장이 스며들고 있는 것이지요.

우리 사회는 시장 사회의 문제점을 채 인식하기도 전에, '시장 경제' 시대에서 '시장 사회' 시대로 휩쓸려 왔어요. 시장 경제는 생산 활동을 조직하고 부를 창출하는 우리 사회의 효과적인 '도구' 역할을 해요. 반면 시장 사회는 시장이 도구로 작동하는 것을 넘어, 돈과 시장 가치가 인간 활동의 모든 영역을 지배하는 생활 방식을 의미해요. 즉, 인간관계와 가족, 건강, 교육, 정치, 법, 시민 생활까지, 우리 생활을 이루는 수많은 것들을 무분별하게 돈으로 사고팔 수 있는 사회를 말하지요. 이러한 시장 사회는 과연 바람직할까요? 왜 우리는 모든 것이 돈으로 거래되는 시장 사회를 염려해야 할까요?

두 가지 이유를 생각해 볼 수 있어요. 바로 '공정성'과 '부패'의 문제예요.

돈으로 살 수 있는 대상이 많아지는 사회에서는 부유한지 아닌지를 따지는 것만이 중요해져요. 돈은 차별의 원인이 되어 심각한 불평등 문제를 일으켜요. 공정하고 자유로운 거래가 불가능해지고, 사람들의 다양한 조건과 상황은 고려하지 않은 채 오로지 더 많은 돈을 가진 사람만이 유리한 거래를 할 수 있는 불공정한 사회가 되어 버려요.

모든 것이 거래되는 시장 사회를 걱정해야 하는 두 번째 이유는 시장의 부패 성향 때문이에요. 본래 돈으로 거래되지 않던 우리 삶 속의 좋은 재화나 도덕, 이타심, 배려, 관용, 시민 의식과 같은 중요한 규범에 시장이 가격을 매기면 본래의 가치가 훼손되거나 변질되는 부패 현상이 일어나요. 아이가 책을 읽을 때마다 돈을 준다면, 아이가 책을 읽게 만들 수는 있지만 독서를 돈을 벌기 위한 수단으로 생각할 가능성이 높아져요. 이는 시장 가격이 독서에 대한 아이의 관심을 부패시킨 예이지요.

이러한 문제에도 불구하고 우리 사회에서 시장과 시장이 매기는 가격은 중요한 가치 판단의 기준이 되어 가고 있어요. 시장은 효율성만을 중요시하기 때문에, 그 거래와 거래 대상이 도덕적으로 옳은지 판단을 내리지 않아요. 도덕적 판단을 무시하는 시장의 영역이 확장될수록, 우리도 모르는 사이 우리 사회의 여러 규범들이 점차 변질되어 부패하고 있지요. 이러한 상황에서 우리는 시장의 역할은 무엇이며, 그 영향력을 어디까지 허용할지에 대하여 논의해야만 해요.

시장은 사회의 모든 재화를 올바르게 가치 평가할 수 있는 도구인가요? 재화의 가치를 적절하게 평가하는 방법은 무엇일까요? 돈으로 사고팔아서는 안 되는 영역이 있다면, 그것은 무엇이며 왜 그러할까요?

우리는 이 책에서 이 같은 문제들을 구체적인 사례와 함께 살펴볼 거예요. 우리는 사회의 한 구성원으로서 시장의 역할과 도덕적 한계에 대해 곰곰이 생각해 보고, 무엇이 좋은 삶인지 깊이 고민해 보아야만 해요. 더 나아가 다양한 의견과 생각을 나눈다면, 진정한 민주주의 사회로 향하는 발전을 이룰 수 있을 거예요.

1
줄 서지 않고 입장할 수 있다면?

도착한 순서대로 차례를 지켜 입장하는 줄 서기.
그런데 줄을 서지 않고
입장하는 방법이 있다면 어떨까요?
대신 줄을 서 주는 특별한 서비스부터 암표까지,
돈으로 대신하는 방법은 과연 괜찮을까요?

미국 국회 앞,

많은 사람이 길게 줄지어 서 있어요.

법안 공청회*에 참석하기 위해

일찍부터 **줄을 선 사람들**이지요.

법안 공청회에 참석하려면

선착순으로 나눠 주는 공청회 방청권을

받아야 하기 때문이에요.

공청회
공공 기관에서 어떤 일에 관해 사람들의
의견을 듣는 공개회의예요.

그런데 입장 시간이 다가오자
어디선가 나타난 사람들이 줄 맨 앞으로 향하더니
줄을 서 있던 사람들의 자리를 차지했어요.

자리를 빼앗긴 사람들은
새치기를 한 사람들에게
순순히 자신의 자리를 넘겨주고 물러났어요.

줄 서기를 대신해 드립니다!

시간당 36~60달러만 내시면
줄을 대신 서 드립니다.

대리 줄 서기 회사 '라인 스탠딩 닷컴'

자리를 넘겨준 이들은
대리 줄 서기 회사에 고용된 사람들이었어요.

돈으로 줄 서기를 대신하는 사례는
여러 가지 형태로 시장에 널리 퍼져 나가고 있어요.

유니버설 스튜디오 우선 탑승권
149달러에 판매

1박 20달러
요세미티 국립 공원 입장권
100~150달러에 팔려

소아과 진료 예약 어플
유료화 논란

자유로운 거래를 중요시하는
자유 시장이라면
줄 서기를 돈으로 대신해도 괜찮을까요?

1 돈으로 줄 서기를 대신하는 것은 왜 문제일까요?

직접 줄을 서지 않고, 돈을 내서 줄 서기를 대신하는 것은 잘못된 행동일까요? 과거에는 차례대로 줄을 서서 순서를 기다렸던 많은 일이 오늘날에는 돈을 써서 줄 서기를 대신할 수 있도록 변해 가고 있어요. 이제 많은 사람이 돈으로 줄 서기를 대신하는 것을 당연하게 여겨요.

어떤 사람들은 다른 사람의 권리를 침해하지 않는 한, 원하는 것은 무엇이든 자유롭게 사고팔아도 된다고 생각해요. 이들은 사람들이 서로 동의하여 내린 선택에 따른 거래를 막는 것은 '자유를 침해하는 것'이라고 생각하지요. 이런 사람들을 '자유지상주의자'라고 해요. 개인의 자유와 권리를 최우선으로 여기는 사람들이지요.

또 다른 이들은 돈을 준 사람과 돈을 받은 사람 모두 거래를 통해 이익을 얻었으므로, 결과적으로 집단의 행복과 효용이 커졌다고 주장해요. 거래를 통해 거래 당사자들이 원하는 것을 얻었기 때문이에요. 이는 최대 다수의 최대 행복을 정의로 여기는 '공리주의자'들의 주장이에요. 이러한 주장은 "자유 시장이 재화를 효율적으로 분배한다."라고 주장하는 경제학자들의 입장과도 일치해요.

한편 돈으로 줄 서기를 대신하는 일이 잘못되었다고 생각하여 반대하는 사람들도 있어요.

공정성의 문제를 제기하는 사람들은 돈으로 줄 서기를 대신할 만큼 충분한 돈을 갖지 못한 사람들이 불공정하게 기회를 빼앗길 수 있다고 말하지요. 누군가가 치르는 대상의 값에는 그 사람이 그 대상을 얼마나 중요하게 생각하느냐는 문제뿐 아니라 그 사람이 가진 경제력도 반영되어 있어요. 더 많은 돈을 주고 암표를 구입한 사람이 반드시 그 표를 가장 필요로 하는 사람은 아니에요. 누구보다 그 재화를 필요로 하지만, 대리 줄 서기나 암표를 이용할 만큼 충분한 경제력을 가지지 못했기 때문에 기회를 빼앗기는 사람이 생기지는 않는지 생각해 보아야 하지요.

줄 서기를 돈으로 거래할 경우, 대상의 가치가 부패한다고 지적하는 사람들도 있어요. 시민 누구나 참석할 수 있는 공청회나 자연 풍경이 돈으로 거래되는 대상이 되는 순간, 그 대상이 지닌 본질적 가치가 부패한다는 것이지요. 암표는 돈으로 거래하면 안 되는 의회의 가치나 자연의 경이로움 같은 것을 사적인 이익을 취하기 위한 도구로 변질시켜 버려요.

돈으로 줄 서기를 대신하는 일은 거래에 참여하는 판매자와 구매자 모두 이득을 얻는 행위로 보일 수 있어요. 판매자는 돈을 벌고, 구매자는 돈을 내고 시간이나 노력을 아낄 수 있지요. 그러나 합리적이고 효율적으로 보이는 줄 서기 거래 때문에 생기는 문제점은 무엇인지, 공정성과 부패의 측면에서 생각해 보아야 해요.

이 책에서 우리는 시장 경제에 의하여 우리 사회에서 발생하는 여러 문제를 공정성과 부패의 측면에서, 특히 부패의 측면에서 시장 경제가 우리 사회의 많은 가치를 부패시키고 있다는 사실을 비판해 보려고 해요. 합리적이고 효율적으로 보이는 시장 경제가 우리 사회의 어떤 부분들에 영향을 미치고 있는지 함께 살펴보아요.

2
누구보다 먼저
진료받을 수 있다면?

누구나 건강에 문제가 생기면
최상의 진료를 받고 싶어 해요.
하지만 진료를 잘하는 병원에 가면 오랫동안 기다려야만 하지요.
차례를 기다릴 필요 없는
의료 서비스를 받을 수 있다면 어떨까요?

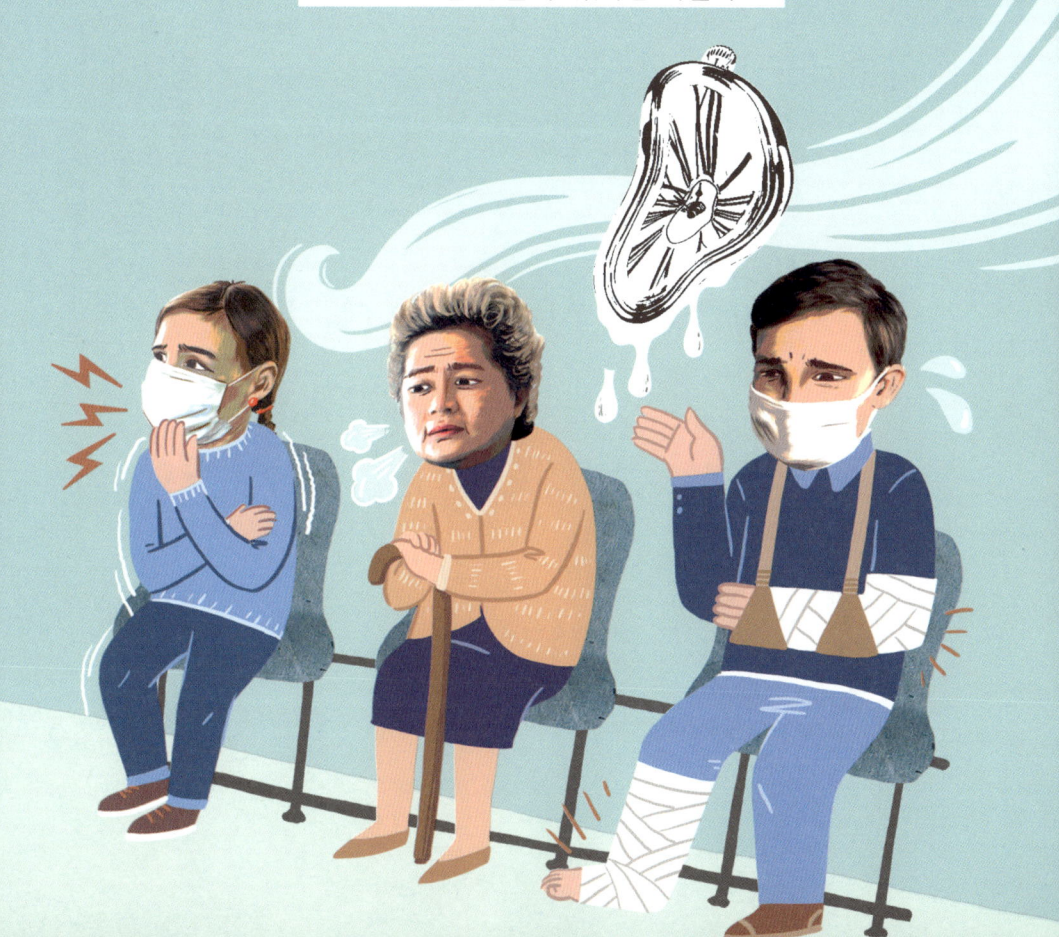

기업이 운영하는 미국의 의료 보험은
의사의 일반 진료에
아주 적은 보험금을 지급해요.

> 보험금이 적으니까
> 진료 시간을 길게 잡을 수 없어요.
> 여유 있게 생활할 만큼 돈을 벌려면
> 하루에 스물다섯 명에서 서른 명은 진료해야 합니다.

이 때문에 사람들은
아주 오래 기다린 끝에,
아주 잠깐 진료를
받을 수밖에 없지요.

이러한 불편을 해소하기 위해
미국의 한 병원에서 특별한
전담 의사 서비스를 내놓았어요.

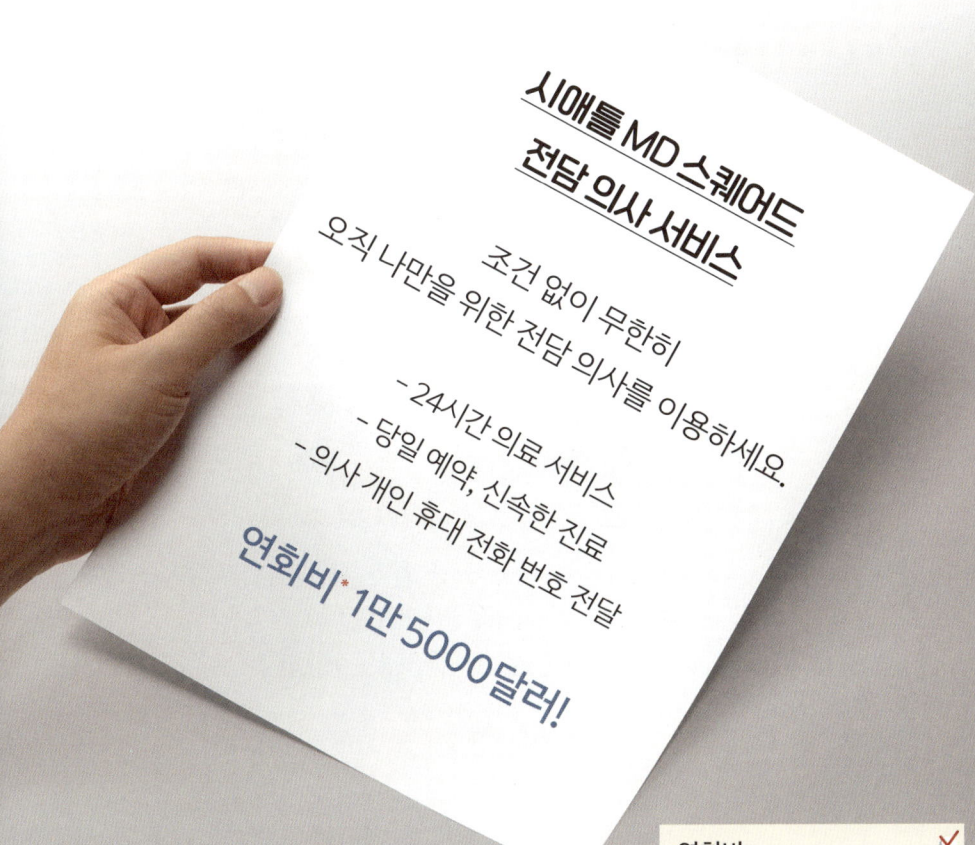

시애틀 MD 스퀘어드
전담 의사 서비스

조건 없이 무한히
오직 나만을 위한 전담 의사를 이용하세요.

- 24시간 의료 서비스
- 당일 예약, 신속한 진료
- 의사 개인 휴대 전화 번호 전달

연회비* 1만 5000달러!

> **연회비**
> 회원으로 가입한 단체나 모임에 회원 자격을 유지하는 대가로 1년에 한 번씩 내는 정해진 금액의 돈을 뜻해요.

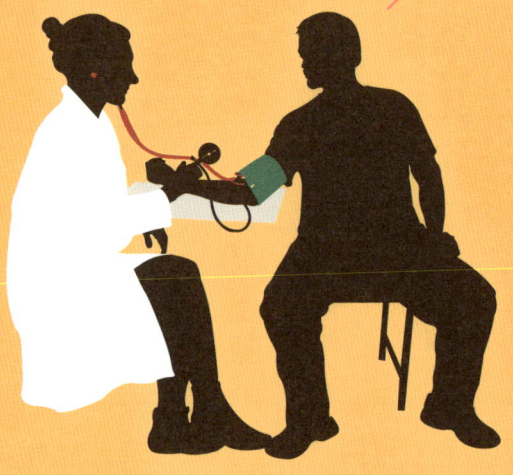

기다리지 않아도 느긋하게 진료 예약을 잡을 수 있어요.

밤이건 낮이건 궁금한 건 얼마든지 물어볼 수 있어서 좋아요.

전담 환자에게 더 많은 진료 시간을 쓰기 위해 진료 환자의 수를 대폭 줄였어요. 이제 하루에 서른 명씩 진료하지 않아도 됩니다.

"다만 제공하는 서비스의 수준을 유지하려면 진료받는 사람을 소수로 제한해야만 해요."

돈을 내면 환자는 언제든지 의사를 만날 수 있고,
의사는 더 많은 돈을 받으며
진료 시간도 긴
전담 의사 서비스!

**편리한 전담 의사 서비스가
확대되는 것이 좋을까요?**

**아니면 더 많은 사람이 공평하게 기다려서
의료 서비스를 받는 편이 나을까요?**

2 재화를 분배하는 기준은 무엇일까요?

1996년 미국 시애틀에 설립된 MD 스퀘어드 병원은 우리나라 돈으로 2000만 원에서 3000만 원 정도 되는 연회비를 내면 대기 없이 언제든 의사의 진료를 받을 수 있는 전담 의사 서비스를 내놓았어요. 의사들은 전담 진료를 위해 50개 가정에만 진료 서비스를 제공했어요. 환자들은 돈을 추가로 낸 대신 시간을 절약할 수 있었고, 의사들은 더 적은 환자를 진료하면서 돈은 더 많이 벌 수 있게 되었지요. 양쪽 모두 이익을 얻었고 손해 본 사람이 없으니 이 거래를 통해 사회적 효용이 높아졌다고 볼 수 있겠지요.

그런데 연회비를 낼 능력이 없는 환자들은 어떨까요? 비싼 연회비를 낼 만큼 경제적 여유가 있는 소수의 사람만을 진료하는 전담 의사가 많아지면, 경제적 여유가 없는 환자들은 진료를 받기 더욱 어려워져요. 일반 의사의 수가 줄어든 만큼 진료를 받기 위해 더 오래 기다려야 하고, 그만큼 치료도 늦어지겠지요. 이처럼 전담 의사 서비스는 사회 전체의 의료 서비스의 질이나 공정성을 해칠 수 있는 제도예요.

줄 서기는 누군가의 특권이나 영향력, 풍부한 재력 등과 상관없이 평등주의를 따르는 도덕이에요. 의료 서비스는 인간에게 평등하게 제공되어야 하는 기본적인 권리지요. 생명은 존엄한 가치를 지니고 있고, 의료 서비스는 생명과 직결되는 만큼 모든 사람에게 동등한 선택의 기회가 주어져야 해요.

물론 재화를 분배하는 방법이 줄 서기만 있는 건 아니에요. 집을 팔 때 더 좋은 조건을 따져서 집을 파는 것처럼, 시장 논리로 분배하는 것이 적절한 재화도 존재해요. 가치나 필요, 추첨이나 우연에 따라 재화를 분배하기도 하고요. 대학은 가장 많은 돈을 내는 학생이 아니라 재능이 많고 유망한 학생을 입학시키고, 병원 응급실은 추가 비용을 내려는 사람이 아니라 위급한 사람을 먼저 치료하지요.

그러나 최근 재화를 분배하는 여러 가지 방법들이 점차 시장 논리로 바뀌어 가고 있어요. 미국 대학들은 기부금을 많이 낸 학생을 입학생으로 선발하고, 추가금을 내고 전담 의사 서비스를 이용하는 사람들이 먼저 진료 대상이 되지요.

재화는 어떻게 분배되어야 할까요? 선착순으로 분배되어야 할까요? 시장 논리를 따라야 할까요? 추첨이나 우연을 통해 분배되어야 할까요?

선착순과 그 밖의 분배 원리들, 시장 논리 중 무엇이 우선되어야 하는지가 언제나 확실한 것은 아니에요. 기업에 더 많은 돈을 쓴 우수 고객의 전화를 전용 콜센터를 통해 빠르게 처리하는 기업이 있다고 해 볼게요. 이 기업의 정책은 잘못된 것일까요? 전용 콜센터가 은행 수수료나 상품 교환 같은 질문을 위한 곳이라면 어떨까요? 혹은 알 수 없는 통증 같은 의료 문제와 관련된 질문을 받는 곳이라면 어떨까요?

재화의 분배에 시장 논리가 깊숙이 침투하고 있는 지금, 우리는 어떤 재화를 무엇을 기준으로 분배해야 할지 고민해 보아야 해요.

3

돈으로 성적을 올릴 수 있을까?

"시험에서 1등 하면
최신 스마트폰을 사 줄게."
부모님이 이런 조건을 건다면
여러분은 이번 시험 성적을 올릴 수 있을까요?

하버드 대학교 경제학과 교수
롤런드 G. 프라이어 주니어(Roland G. Fryer Jr.)는
2007년 저소득층 학생들이 다니는 학교를 대상으로
인센티브* **실험**을 했어요.

학생들이 좋은 성적을 받거나
성실하게 학교생활을 하면
정해진 돈을 지급했지요.

인센티브(Incentive)
사람에게 어떤 행동을 하게 만드는 자극이나 동기를 부여하는 수단을 뜻해요.

실험을 진행한 연구자들은 이렇게 생각했어요.

"사람들은 자신이 얻게 될 **이익**에 따라
자신을 행복하게 해 줄 **선택**을 한다.
더 많은 이익을 보장할수록
학생들은 공부를 열심히 하고, 따라서 성적도 오를 것이다."

롤런드 교수가 진행한 실험과
그 결과는 다음과 같았어요.

뉴욕
- 시험 점수가 높은 4학년에게 25달러 지급
▶ 학업 성취도 개선되지 않음.

워싱턴
- 높은 출석률, 올바른 품행, 숙제 제출 시 현금 지급
- 학생별로 2주간 최대 100달러, 평균 40달러 지급
▶ 일부 학생들의 독해 점수 상승함.

시카고
- 9학년 시험 성적에 따라 상금 지급
- A학점 50달러, B학점 35달러, C학점 20달러
▶ 출석률 상승, 시험 성적은 상승하지 않음.

실험의 결론
"인센티브가 어떤 곳에서는 효과가 있었으나,
어떤 곳에서는 효과가 없음."

한편, 더욱 뚜렷한 성과를 보인
인센티브 프로그램도 있어요.

1996년 텍사스는 AP* 인센티브 프로그램을 시행하여,
시험에서 합격 점수를 받은 학생과 지도 교사에게
현금 인센티브를 지급했어요.

저소득층과 소수 인종 학생들을 비롯하여
많은 학생이 AP 과목을 들으려고 했고,
또 시험에 통과했지요.

돈으로 성적을 올릴 수 있군요!

> **AP 과정**
> 미국에서 고등학생이 대학에 진학하기 전,
> 대학의 학점을 취득하는 고급 학습 과정을
> 의미해요.

과연 그럴까요?

이 프로그램이 성공을 거둔 이유는
현금을 주었기 때문만은 아니었어요.

**학교 수업 분위기를
바꿔 드립니다!**

담당 교사에게 특별 연수 기회 제공!
실험실 장비 제공!
방과 후와 매주 토요일 개인 과외 수업 시행!

게다가 돈을 더 많이 준다고 해서
더 좋은 결과가 보장되는 것도 아니었어요.

**돈이 더 좋은 성적을 보장하지 않는다면,
인센티브의 원칙을 학생들에게 적용하는 것은
부적절하지 않을까요?**

3   금전적 인센티브는 어떻게 작용할까요?

경제학자들은 경제학을 재화의 생산과 소비뿐 아니라 인간 행동을 설명하는 과학이라고 생각해요. 인간은 자신이 들인 비용과 자신이 받을 이익을 저울질해서 자신에게 최대의 행복과 효용을 안겨 줄 것을 선택한다고 가정하여, 인간 행동을 경제학적으로 해석하려고 하지요. 결혼, 교육, 범죄, 정치, 환경 보호, 생명에 이르기까지 말이에요. 그런데 정말 인간의 모든 행동을 경제학적으로 이해하는 것이 가능할까요?

인센티브는 어떤 수단이나 자극을 통해 인간이 특정한 행동이나 선택을 하도록 동기를 부여하는 방식을 의미해요. 경제학자들은 사람들이 이런 인센티브에 반응한다고 생각했어요. 쉽게 말해, 시험 성적 향상에 따라 돈을 주겠다고 약속하면 학생들이 자신이 받을 이익을 생각하여 더욱 열심히 공부할 것이고, 이에 따라 성적을 올릴 수 있으리라 생각했던 거예요. 더 많은 돈을 약속한다면 성적을 더 올릴 수 있다고 생각하기도 했지요. 하지만 성적 향상에 따른 인센티브 실험 결과는 뜻밖이었어요.

돈을 주자 성적이 오른 경우도 있었지만, 뚜렷한 성과를 확인하기 어려운 경우가 많았어요. 돈을 더 준다고 해서 성적이 더 오르지 않는 경우도 있었고, 심지어 중간에 보상이 끊기자 공부나 독서 자체에 흥미를 잃는 학생들도 있었어요. 학생들에게 공부나 독서가 자기 자신의 흥미와 성취를 위한 행위가 아니라 돈을 받기 위한 행위가 되어 버렸던 것이지요.

이는 인센티브가 지닌 도덕적인 한계를 보여 주는 사례예요. 사람들이 대상에 지녔던 가치 판단의 기준, 자기 자신의 흥미나 필요, 그 대상에 느낀 장점 등 다양한 동기가 인센티브에 의해서 돈을 받기 위한 행위로 변질되어 부패해 버린 것이지요.

그렇다면 인센티브 실험에서 성적이 오른 학교는 무엇이 달랐을까요? 이 학교의 학생들은 학업 성취를 '멋진 것'이라고 생각하고 자발적으로 공부했어요. 인센티브로 받기로 한 돈이 아니라, 학업 성취와 학교 문화에 대한 학생들의 태도 변화가 성적을 올린 비결이었던 거예요.

이 사례에서도 알 수 있듯이 사람은 돈이나 이익에 의해서만 움직이지는 않아요. 사람은 자신이 좋아하거나 재미있다고 여기는 것, 중요하다고 생각하는 것 같은 내적 요인이 동기가 되어 움직이고 변할 수 있어요. 인간의 모든 행동을 시장 논리나 효율성을 따져서 이해할 수 없다는 이야기지요.

이처럼 금전적 인센티브가 사람의 마음에 어떤 영향을 미치는지는 확실하게 예측할 수 없어요. 누군가 여러분에게 성적을 올리면 돈을 준다고 할 때 여러분의 마음은 어떻게 반응할지 한번 생각해 보세요. 금전적 동기가 더 바람직한 다른 동기(자신의 성취도를 올리려는 것)를 손상시켜 결국에는 장려해야 할 태도와 가치(열심히 공부하는 것)를 부패시키는 건 아닌지도 따져 보면서 말이지요.

4
돈으로 건강을 살 수 있을까?

빠르게 늘어 가는 비만 인구.
비만은 심장 질환과 당뇨 등 많은 건강 문제를 일으켜
우리 사회의 의료비 지출을 늘리는 원인이에요.
이 문제를 해결하기 위해서
돈으로 보상하려는 시도가 있었어요.
과연 성공했을까요?

우리나라를 비롯해
미국, 영국 등 세계 각국에서
건강을 유지하는 행동에
보상금을 지급하는 다양한
건강 인센티브 제도들이
시행되고 있어요.

미국 리얼리티 TV 프로그램
'도전 팻 제로'

체중 감량 성공 시
상금 **25만 달러**
(약 3억 3000만 원)!

영국 공공 의료 프로그램
'파운드에는 파운드로'

체중 감량 후
2년 동안 유지 시
상금 최대 **425파운드**
(약 70만 원)!

경기도 화성시
비만 예방을 위한
걷기 챌린지

운동 기록에 따라
지역 화폐 지급!

인센티브를 사랑하는 경제학자들은
적절한 인센티브로
고칠 수 없는 문제는 없다고 생각하며
건강 인센티브 제도에 찬성했어요.

"체중 감량에 인센티브를 지급했더니,
건강 보험 **지출**이 줄었어요."

"돈 덕분에 사람들이
운동할 동기를 얻어 건강해졌어요.
그 덕에 병을 치료하기 위한
사회적 **비용**도 훨씬 줄어들었어요."

그러나 도덕적 관점에서 생각해 본다면
건강 인센티브 제도는 말도 안 되는 제도일지도 몰라요.

건강 인센티브 제도가 경제학적 측면에서
효과가 있는 듯해요.

"살을 빼면 돈을 준다니,
스스로 체중을 조절하지 못한 사람에게만
보상금을 주는 것 아닌가요?
그건 **불공정**합니다!"

"체중 감량에 보상금을 주면
자신의 건강을 돌보기 위해서가 아니라,
돈을 받기 위해 노력할 뿐입니다."

건강에 인센티브를 지급하는 것은
건강을 유지하려는 태도가
경제 활동과는 관련이 없는데도 불구하고
가격을 매김으로써
상품처럼 여기게 만든다는 문제가 있어요.

돈으로 살 수 없다고 생각했던 것까지도
목적을 달성하기 위해서
돈으로 거래해야 할지를 두고 고민하게 만들지요.

건강 인센티브 제도는
잘못된 이유를 내세워 사람들의 행동을 조종하는
뇌물일까요?

아니면 불필요한 사회적 비용을 줄이게 하는
경제적 선택일까요?

여러분은 어떻게 생각하나요?

4 시장 논리로 우리 행동을 바꾸려 한다면 어떻게 될까요?

세계 여러 나라에서는 더 건강한 삶을 살기 위한 행동을 실천하는 사람에게 현금으로 인센티브를 지급하는 프로그램을 운영해요. 여러분은 이러한 현금 인센티브 제도에 대해서 어떻게 생각하나요? 현금 인센티브는 사람들을 더 건강하게 하는 데 효과적인 제도일까요?

경제학적인 측면에서는 현금 인센티브 제도에 투입되는 비용과 비교하여, 병을 고치기 위해 들어가는 치료비보다 적다면 현금 인센티브가 효과적이라고 답할 수 있을 거예요.

반면 도덕적인 측면에서는 두 가지 관점에서 현금 인센티브를 비판할 수 있어요.

우선 공정성의 관점에서 비판할 수 있어요. 체중은 스스로 감량해야 하는 것인데 체중을 감량했다고 해서 사회 구성원들이 낸 세금을 인센티브로 지급하는 것은 공정하지 않다고 볼 수 있어요. 또 개인이 자발적으로 돌보아야 하는 건강에 사회가 인센티브를 주며 개입하는 것은 개인이 자신의 건강에 대한 책임을 회피하게 만든다는 비판도 있어요.

한편 인센티브를 뇌물의 일종이라고 생각해서 비판하는 관점도 있어요. 인센티브를 받는다고 해서 건강을 대하는 사람들의 태도나 인식이 근본적으로 바뀔 수 있을까요? 아마 그러기는 어려울 거예요. 현금 인센티브는 건강해지는 삶에 관심을 갖도록 하는 것이 아니라 금전적 보상을 주어 체중 감량이나 금연과 같은 행동을 하게 만들 뿐이에요. 사람들에게 건강을 유지해야 하는 근본적인 이유를 알려 주지 않고, 건강을 유지하는 것이 얼마나 중요한지 그 가치를 제대로 설득하지 않는 방법이지요. 이처럼 금전적인 동기로 바람직한 동기를 밀어내 버린다는 점에서 현금 인센티브는 뇌물이라고 볼 수 있어요.

매일 줄넘기를 100번씩 하면 용돈을 받을 수 있다고 생각해 보세요. 줄넘기를 하는 동안 건강이 좋아지는 것에 만족하고 건강한 삶에 더 많은 관심을 가질 수도 있을 거예요. 하지만 건강을 위한 운동이 아니라 돈을 받기 위해 어쩔 수 없이 해야 하는 노동이라고 생각하게 되어 줄넘기에 대한 흥미를 완전히 잃어버리게 될지도 몰라요.

이처럼 금전적 인센티브를 통해 어떤 행동을 하도록 유도하는 것은 그 행동에 가격을 매김으로써 잘못된 가치를 부여하고, 그 행동에 대하여 우리가 가지는 마음을 부패시킬 수 있어요. 시장 논리가 우리의 행동을 조종한다면 우리의 마음이 어떻게 변하게 될지 반드시 생각해 보아야 하는 이유예요.

5
벌금과 요금은 다르다고?

장애인 전용 주차 구역에 비장애인이 주차하면
벌금을 내야 해요.
대부분 장애인 전용 주차 구역에
불법으로 차를 대려고 하지는 않을 거예요.
하지만 누군가는 당당하게
장애인 전용 주차 구역에 주차할지도 몰라요.
"주차하고 벌금을 내면 되잖아?"라고
주장하면서요.
과연 이 행동은 적절할까요?

조시 살로노야 (Jossi Salonoja)
- 핀란드 소시지 기업 상속자
- 제한 속도 시속 40킬로미터 구간을 시속 80킬로미터로 주행
- 과속 범칙금 **17만 유로** (약 2억 4500만 원)

안시 반요키 (Anssi Vanjoki)
- 핀란드 휴대 전화 회사 노키아의 중역
- 제한 속도 시속 50킬로미터 구간을 시속 75킬로미터로 주행
- 과속 범칙금 **11만 6000유로** (약 1억 7000만 원)

엄청난 속도 위반 벌금을 기록한 핀란드의 부자들!

핀란드에서는 수입이 많을수록
속도 위반 **벌금**을 더 많이 내야 해요.

"소득이 높은 사람에게는
은행 잔고에 걸맞은 처벌을 해야 해요.
그래야 자신들이 벌인 일이
도덕적으로 잘못된 짓인 걸 깨닫지요."

**그럼 엄청난 벌금만 내면
잘못을 저질러도 되는 걸까요?**

한편 과속 벌금을
요금처럼 부과하려던 계획도 있었어요.

2010년 미국 네바다 주지사 후보
유진 지노 디시몬(Eugene Gino DiSimone)은
하루 25달러(약 3만 원)를 내면 지정 도로를
제한 속도를 초과해 달릴 수 있게 허용하겠다는
공약을 내세웠어요.

과속 요금을 제안했던 디시몬은
네바다 고속 도로 순찰대로부터 공공의 안전을 위협하는
공약이라고 비난을 받았고, 결국 낙선했지요.

벌금과 **요금**을
어떻게 구분해야 할까요?

어떤 행위에 대해 **벌금**을 낼 때,
어떤 행위에 대해 **요금**을 지불할 때,

우리는 그 대상을 어떤 마음으로 대하게 될까요?

5　벌금과 요금을 낼 때 도덕적인 면을 고려하지 않아도 될까요?

벌금과 요금은 어떤 행위를 했을 때 지불하는 돈이라는 공통점이 있어요. 벌금과 요금은 도덕적 판단에 따라 의미가 갈려요. 우리 사회가 도덕적으로 옳지 않다고 생각하는 일에 부과되는 돈이 벌금이고, 도덕적 판단이 필요 없는 일에 내는 돈이 요금이지요. 길에 쓰레기를 함부로 버리는 일은 도덕적으로 옳지 않기 때문에 벌금을 내야 하지만, 종량제 봉투를 사서 쓰레기를 넣어 버리면 쓰레기 처리에 따르는 요금을 내는 것이지요. 언뜻 보면 벌금과 요금을 구분하는 일은 어렵지 않은 듯해요. 하지만 벌금과 요금을 혼동하여 사용하는 경우는 종종 생기지요.

어떤 행위에 대하여 돈을 지불해야 할 때, 벌금과 요금 중 어느 것을 적용하는 것이 적절한지 고려하려면 해당 사회 제도의 목적과 그 목적을 지배하는 규범을 파악해야 해요. 이 규범에 따르면, 과속은 도덕적으로 해서는 안 되기 때문에 요금보다는 벌금을 부과하는 것이 적절하지요.

하지만 벌금으로 규정된 돈에 대하여, 도덕적으로 판단하기보다 시장 논리를 앞세워 효용성만을 따진다면 문제를 일으킬 수 있어요. 환경 오염을 개선하기 위해 나라 간에 맺은 오염 물질 배출 감축 협정을 예로 들어 볼게요. 부유한 국가들은 다른 나라에 배당된 오염 물질 배출권을 구매하거나 다른 나라의 오염 물질을 줄이기 위한 시설에 투자해 감축 실적을 인정받았어요. 자국의 오염 물질 배출을 줄이려 하기보다 돈으로 문제를 해결하려고 한 것이지요. 이러한 거래로 오염 물질 배출량은 줄어들지도 몰라요.

하지만 환경을 오염할 권리를 돈으로 사고팔면 부유한 국가는 자연을 돈으로 거래할 수 있는 도구로 여길 거예요. 이러한 태도는 국제적인 환경 문제에 대하여 세계 시민이라면 마땅히 가져야 할 공동 희생정신을 약화시킬 수 있어요. 함께 노력해서 환경 문제를 해결하기 위해 잘못된 습관들을 고쳐 나가려고 노력하지 않고, 돈을 내는 것으로 의무를 다하려는 잘못된 태도를 보이게 되겠지요. 이는 결국 환경 문제에 대한 국제적인 협조를 어렵게 만들 거예요.

사람들은 벌금을 낼 때는 그 일을 하면 안 되는 일로 생각하지만, 요금을 낼 때는 도덕적 판단을 배제하고 돈만 내면 부도덕한 행위마저 해도 된다고 생각하는 경향이 있어요. 벌금과 요금의 경계에서 어느 쪽이 더 적절한지 따지기 위해 우리의 도덕적 판단이 필요한 이유가 바로 이 때문이에요. 즉 어떤 재화를 요금을 통해 상품화할지 결정할 때는 비용과 이익만을 계산하는 효율성 그 이상의 요소를 고려해야 해요. 또한 어떤 일에 요금을 내는 일이, 그 일이 지닌 가치나 도덕적 역할 등 시장에 속하지 않는 규범들의 자리를 돈으로 밀어내는 건 아닌지 고민해 보아야 하지요.

6
동물 사냥권을 판다고?

멸종 위기에 놓인 검은코뿔소.
검은코뿔소를 보호하기 위해
검은코뿔소를 사냥할 권리를 판매했어요.
사냥도 하고, 동물도 보호할 수 있다는 주장은
과연 맞을까요?

아프리카에 서식하는 검은코뿔소는
심각한 멸종 위기에 처한 동물이지요.

밀렵꾼들뿐 아니라,
트로피 헌팅*을 즐기는 사람들에게도
인기 있는 사냥감이에요.

**멸종 위기에 처한 야생 동물을 보호할
효과적인 방법은 없을까요?**

> **트로피 헌팅(Trophy Hunting)**
> 즐거움을 위해 대형 야생 동물을 사냥하는
> 행위를 말해요. 주로 강한 동물을 잡아
> 과시하기 위해 행해져요.

2004년 남아프리카공화국 정부는
멸종 위기에 놓인 동물을 보호하기 위해
새로운 방법을 생각해 냈어요.

목장 주인이 제한된 수의 검은코뿔소 **사냥 권리**를
사냥꾼에게 판매할 수 있게 했지요.

목장 주인은 검은코뿔소를
번식시키고 돌보면서 **밀렵으로부터 보호**했어요.
그리고 검은코뿔소 **사냥 권리를 판매**하여
큰돈을 벌었지요.

코뿔소 사냥이 금지된 케냐에서
검은코뿔소의 수가 2만 마리에서
600마리로 줄어드는 동안,
사냥 권리를 판 남아프리카공화국에서는
검은코뿔소의 수가 늘어났어요.

목장 주인은 돈을 벌었고
사냥꾼은 합법적으로 사냥을 했으며,
멸종 위기에 놓였던 검은코뿔소는 개체 수가 늘었어요.

시장 논리로 볼 때,
남아프리카공화국의 정책은 성공한 듯합니다!

한편 캐나다에서는
이누이트 사냥꾼만이
바다코끼리를 사냥할 수 있어요.

바다코끼리의 숫자가 줄어들어 사냥이 금지되었지만,
오랫동안 바다코끼리를 잡아 온 이누이트의
전통을 존중하기 위한 조치이지요.

1990년대 이누이트 지도자들은
캐나다 정부에 한 가지 제안을 했어요.

"우리에게 할당된 수의
바다코끼리 사냥 권리를
사냥꾼들에게 팔 수 있게 해 주세요."

이누이트가 사냥하든
사냥 권리를 판매하든
사냥 가능한 바다코끼리의 숫자는
달라지지 않기 때문에
캐나다 정부는 이 제안을 받아들였어요.

시장 논리로 볼 때,
바다코끼리 사냥 권리 판매 역시
거래에 참여한 사람들이 모두 이익을 얻었어요!

할당된 사냥 가능한 개체 수를 초과하지 않으면서도
이누이트는 돈을 벌었고
트로피 헌팅을 즐기는 사냥꾼들은
자신들의 사냥 목록을 채울 기회를 얻었지요.

검은코뿔소와
바다코끼리 사냥 권리 판매 모두
분명 합법적인 거래였고
동물 보호 정책도 성공한 듯해요.

그런데 혹시 불편한 기분이 들지 않나요?

왜 그럴까요?

동물을 죽일 권리를 사고팔아도 될까요?

동물을 사냥해 동물을 보호하는 해결 방법은
우리에게 어떤 영향을 줄까요?

**누구도 손해 보지 않는다면
정당한 거래일까요?**

6 동물을 사냥할 권리를 사고팔아도 될까요?

사냥 권리 판매에 대해서 여러분은 어떻게 생각하나요?

사람들은 흔히 시장 논리를 적용할 때 도덕적인 판단은 필요 없다고 생각해요. 거래에 따르는 효율이나 효용성만을 따지면 그만이라고 생각하지요. 하지만 도덕적 판단 없이는 교환되는 재화의 가치를 올바르게 평가하기 어려워요.

멸종 위기에 놓인 동물의 사냥 권리를 시장에서 거래할지 결정할 때 동물을 멸종 위기에서 구할 수 있는지, 사냥꾼들이 야생 동물을 적절한 방식으로 가치 평가하고 있는지를 함께 고민해야 해요. 사냥 권리를 판매하는 일이 사람들로 하여금 야생 동물을 함부로 취급하게 하고, 야생 동물의 가치를 낮게 평가하게 만든다면 이는 올바른 동물 보호 방법이 될 수 없겠지요. 사냥권 판매가 야생 동물의 개체 수를 늘리는 데 기여한다고 해도 동물의 생명을 상품으로 취급하게 만드는 것은 아닌지, 인간의 이익을 위해 생명을 이용하는 것은 아닌지 생각해 보아야만 해요.

바다코끼리 사냥 권리 거래 역시 죽는 바다코끼리의 개체 수는 같다고 해도 우리가 느끼는 도덕적 체감이 달라요. 단순히 사냥 목록을 채우기 위해 무력한 바다코끼리를 죽이는 비뚤어진 욕구 충족에 반대하는 사람들이 있을 거예요. 게다가 이누이트 부족에 할당된 사냥 권리를 판매하는 것은 애초에 이누이트의 전통을 보존하고자 했던 사냥 허가의 의미와 목적을 변질시킨다고 비판할 수 있지요.

사냥 권리 판매 사례를 통해 우리는 도덕적 판단 없이 사람들의 이익과 선호만을 따져서 거래를 결정해서는 안 된다는 사실을 깨달을 수 있어요. 사람들이 대상에 대해 가지는 도덕적 가치관에 대해서는 고려하지 않은 채 대상의 가치를 판단하고 사회적 효용을 극대화할 방법만을 고려한다면 우리는 중대한 가치들에 대하여 잘못된 판단을 내리게 될 위험이 높아요.

멸종 위기에 놓인 동물을 구하기 위해 멸종 동물의 개체 수를 늘린다고 한들, 동물을 함부로 취급하는 사람이 늘어난다면 잘못된 결과를 낳을 수밖에 없어요. 그러므로 시장 경제 논리뿐 아니라 도덕적 판단을 함께 고려하는 일이 중요하지요.

이제 다시 한번 생각해 볼까요? 동물을 사냥할 권리를 사고팔아도 되는지 답하기 위해서 우리는 무엇을 고민하고 따져 보아야 할까요?

7

돈으로 살 수 없는 것은?

우정, 명예, 사랑,
장기 거래, 입양, 난민 입국…….
돈으로 살 수 없는 것은 무엇인가요?
돈으로 살 수 있지만 사면 안 되는 것도 있을까요?
어떤 기준으로 이것을 판단할까요?

우정을 돈으로 살 수 있을까요?

돈을 주고 고용한 친구는
우편물을 대신 받아 주거나
내 푸념을 들어 주거나
같이 숙제나 놀이를 하는 등
친구가 해 주는 **일을 대신**해 줄 수 있을 거예요.

하지만 친구 사이의 우정에서 비롯되는
공감, 관용, 배려, 관심 같은 것을
진심으로 나누기는 어렵겠지요.

명예는 돈으로 살 수 있을까요?

매년 인류 복지에 기여한 사람에게 수여되는 **노벨상**.

노벨상 트로피가 경매에 나온다면
트로피를 구매할 수도 있을 거예요.

하지만 노벨상 트로피를 사는 것은
진짜 노벨상을 받는 것과 같은 **명예**를 안겨 주지 않아요.
게다가 노벨상 트로피를 판 수상자 역시
명예가 훼손되겠지요.

사람의 **장기**를 사는 것은 어떤가요?

마음만 먹는다면,
장기 거래 시장에서 몰래 사람의 장기를
사고팔 수 있다고 해요.

우정이나 노벨상과는 다르게
돈으로 사고판다고 해도
장기의 기능은 손상되지 않고 그대로예요.

하지만 사람의 장기를 사고판다면
도덕적으로 비난을 받고 법으로 처벌받겠지요.

아이를 사고파는 일은 어떤가요?

사람들이 그러고자 한다면,
입양할 아이를 거래하는 시장을 만들 수 있을 거예요.

실제로 미국의 리처드 포즈너(Richard Posner)라는 판사는
시장을 활용하여 아이의 입양을 결정하자고 제안했어요.

돈을 주고 아이를 사고팔아도
아이가 가진 특징은 변하지 않고
시세에 따라 원하는 아이를
데려올 수 있을 거라고 주장했지요.

하지만 이러한 시장이 생겨난다면
큰 논란과 **도덕적 비판**이 뒤따를 거예요.

돈으로 살 수 없는 대상과
돈으로 살 수 있지만 사면 안 되는 대상을
구분할 수 있나요?

무엇을 시장에서 거래할지 따져 보기 위해 우리는
두 가지 관점에서 비판적으로 접근해야 해요.

**시장에서의 거래가
공정하고 평등하게 이루어졌는지
재화의 가치를 변질시키지 않았는지
생각해 보아야 하지요.**

최근 시장의 범위가 넓어져
예전에는 시장에서 거래되지 않던 재화들까지
시장에서 거래할 수 있고
거래해야 한다고 생각해요.

대기 오염 할당량
난민 입국 권리
사냥 권리
결혼식 축사
　　　⋮

시장에서 거래되지 않던 재화들이 거래된 후,
그 **재화가 지닌 가치**는 부패되지 않고
그대로 유지되고 있나요?

재화가 지닌 가치가 부패되었다면
계속 사고팔아도 될까요?

7 돈으로 살 수 없는 것과 사면 안 되는 것은 무엇일까요?

우정은 돈으로 살 수 있나요? 돈을 주고 친구를 고용하더라도 진정한 우정은 구매할 수 없지요. 노벨상은 어떤가요? 노벨상 트로피를 살 수 있을지 몰라도 상에 따르는 명예까지 돈으로 구매할 수 없어요.

이와 달리 돈으로 살 수는 있지만 사면 안 되는 것들도 있어요. 사람의 장기나 입양할 아이는 거래할 수 있지만, 이를 돈을 주고 거래하는 일은 도덕적으로 용납하기 어려워요. 그 이유는 무엇일까요?

우선 공정성 측면에서 이러한 거래를 비판할 수 있어요. 시장에서 이루어지는 선택이 불평등하게 이루어지는지를 따져 보는 관점이에요. 경제적 여유가 없는 사람은 자신의 신체를 팔아서라도 돈을 벌려고 하겠지요. 아이를 입양하고 싶지만 상대적으로 경제력이 떨어지는 부모는 거래에 참여하지 못하거나 값이 싸고 선호도가 떨어지는 아이를 입양하게 될 거예요. 이런 거래는 당사자가 원하는 대로 이루어지기보다 불평등한 조건에 따라서 이루어지지요. 이는 자유롭고 자발적인 거래로 보기 어려우므로 공정하지 않아요.

한편 재화가 가진 특성이나 가치가 변질되어 부패했기 때문에 이러한 거래를 비판할 수 있어요. 장기를 사고판다면 인간은 여러 기관이 합쳐진 존재로 인식되어 부분별로 거래가 가능한 대상이 될지도 몰라요. 인간의 신체가 물건처럼 취급되는 것이지요. 아이가 가진 특성에 따라 값을 매기고 거래한다면 아이에 대한 부모의 사랑이 아이의 조건에 따른 것처럼 여겨질 위험도 있지요. 아이를 인간으로 존중하기 어려워질 거예요.

이 두 가지 비판은 각각 중요하게 생각하는 가치가 달라요. 공정성과 관련한 논의는 공정한 조건에 따라 이루어지는 동의를 이상적인 것으로 생각해요.

불평등한 조건이 사람들을 동의하지 않은 거래로 이끌고, 사회적 약자를 강압하여 공정하지 않은 거래로 이어지게 했는지 따져 보는 것을 중요하게 여기지요. 이 때문에 장기나 아이를 거래하는 것도 공정한 조건에 따라 이루어진다면 반대하지 않아요.

반면 부패와 관련된 비판은 시장에서의 가치 평가와 교환에 의하여 재화의 가치나 특성이 변질되었는지 여부를 중요하게 생각해요. 변질되었다면 공정한 조건에 따라 이루어지더라도 여전히 돈으로 사서는 안 되는 거래라고 보지요.

우리는 지금까지 시장 경제가 확장되면서 거래되기 시작한 것들을 다루었어요. 이들 중 어떤 것은 돈으로 살 수 없고, 어떤 것은 돈으로 살 수 있지만 사면 안 되지요. 이를 구분하는 것은 무엇인지 한번 생각해 보세요. 여러분 주변에 돈으로 거래되면 안 된다고 생각하는 재화가 있나요? 그렇게 생각하는 이유는 무엇인가요?

8
선물이 좋을까?
현금이 좋을까?

내가 준 만 원짜리 선물이
8000원짜리가 되어 버린다고요?
어째서 이런 황당한 일이 일어날까요?
선물 교환에 발생하는 기막힌 비극이 밝혀지면
과연 어떤 선물을 할까요?

> 20●●년 ●월 ●일 ●요일
>
> 아버지께서 옷을 선물로 주셨다.
>
> 옷값이 10만 원이 넘는다.
>
> 10만 원이면 갖고 싶던
>
> 아이돌 굿즈를 살 수도 있었을 텐데…….
>
> 조금 아쉬웠다.

선물을 줄 때 선물 받은 사람이
얼마나 만족할지 알 수 없어요.

선물이 마음에 들지 말지는
선물을 주는 사람이 아니라
선물을 받는 사람이 결정하기 때문이에요.

경제학자 조엘 월드포겔(Joel Waldfogel)은
선물 교환을 경제학적으로 비효율적이라고 여기며
선물의 비효율성을
수치로 보여 주는 연구를 했어요.

월드포겔은 사람들에게 자신이 받은 선물을
직접 산다면 얼마를 낼지 대답해 보라고 했지요.

놀랍게도 실험 결과
사람들은 선물로 받은 물건의 가치를
실제보다 **20퍼센트** 정도
낮게 생각했어요.

실제 가격   예상 가격

선물을 주고받는 데
효율성이 중요할까요?

학용품은 가장 쓸모 있고 효율적인 선물일지 몰라요.
하지만 친구한테 학용품을 선물로 받으면
뛸 듯이 기쁘진 않을 거예요.

경제학자 앨릭스 타바록(Alex Tabarrok)에 따르면,
사람들은 지나치게 평범하지 않으면서
자신이 직접 사지 않을 물건을 선물로 받고 싶어 한대요.

이는 사람들 사이의 관계가
서로에게 유용한 관계 그 이상을 뜻하고,
선물은 그러한 관계의 의미를 담는
물건이기 때문일 거예요.

경제적 관점에서 보면
선물로 **현금**을 주고받는 것이
선물의 경제적 가치가 유지되는
가장 **효율적인 방법**이지요.

하지만 선물 교환이 비효율적이라고 말하며
현금이 최고의 선물이라고 주장하던
경제학자 54명 중 51명은
크리스마스에 시간과 노력을 들여서
선물을 구매했다고 해요.

돈으로 계산할 수 없는 **가치**가
선물에 담겨 있는 것은 아닐까요?

8 선물과 현금 중 어느 것을 선택할까요?

8장부터 10장에 걸쳐 우리는 시장 논리로 설명하기 어려운 인간의 마음에 대하여 살펴보려고 해요. 마음을 이익과 손해, 효율성을 따지는 경제학적 시각으로 헤아리기는 어렵지요. 하지만 이러한 부분들을 살펴보는 동안 돈으로 살 수 없는 것들에 대하여, 시장에서 거래되면 그 의미가 부패되어 버리는 것들에 대하여 알아볼 수 있을 거예요.

우선 선물과 관련된 논의로 이야기를 시작해 보려 해요. 시장 논리의 관점에서 보면 선물 교환은 경제적인 낭비이고, 비효율적인 활동이에요. 선물을 위해 쓴 돈만큼 상대방이 만족할지 아닐지 알 수 없기 때문이지요. 가장 효율적인 선물을 하고자 한다면 원하는 곳에 자유롭게 쓸 수 있는 돈을 주는 편이 나을지도 몰라요.

하지만 선물을 주고받는 일에 효율성이 중요할까요? 선물을 주는 행위는 상대를 향한 마음을 표현하는 행위예요. 우리는 선물에 상대를 향한 친밀감을 담고, 선물을 통해 마음을 나누지요. 선물이 주는 만족을 극대화하는 효율성도 중요하지만, 상대방을 생각하며 선물을 고르는 정성도 중요한 이유예요.

경제학자들은 현금이 가장 경제적이고 효율적인 선물이라고 주장해요. 물건과 달리 현금은 받는 사람과 주는 사람 모두에게 동일한 가치를 지녀요. 하지만 마음을 표현하는 방법으로 현금이 좋은 선물이라고 말하기 어려워요. 우정이나 사랑에는 유용함이나 효율성 이상의 마음이 담겨 있는데, 현금으로는 그런 마음을 표현하기 어렵지요. 현금은 공감, 관용, 배려, 관심 같은 사회적 규범을 담지 못해요. 이 때문에 현금이 가장 경제적이라고 주장하는 경제학자들조차 크리스마스에 현금이 아닌 선물을 준비했지요.

시장 논리는 도덕이나 가치 판단이 개입되지 않는 객관적인 판단인 것처럼 보여요. 그러나 선물이 받는 사람의 선호도를 효율적으로 충족시켜야 한다는 경제학자들의 가정은 가치중립적인 판단으로 보기 어려워요. 여기에는 이미 상대의 감정과 기분을 생각하고 배려하는 도덕적 판단이 들어 있지요.

최근에는 '저속한 선물'이라는 낙인이 덜한 상품권이 현금 대신 선물로 보편화되는 추세예요. 상품권은 현금으로 만들기도 쉽고, 다른 사람에게 다시 선물로 보내기도 쉽지요. 그러나 이러한 과정을 거치고 나면 상품권은 선물로서 가지는 의미를 완전히 잃어버리고 말아요. 그럼에도 최근에는 현금이나 상품권을 선물하는 경향이 늘고 있어요. 시장 논리가 우리의 삶에 점차 널리 퍼져 나가고 있다는 것을 짐작할 수 있지요.

여러분은 친구들과 어떤 선물을 주고받고 싶나요? 선물로 무엇을 표현하고자 하는지에 따라 여러분이 친구에게 줄 선물의 종류가 바뀌겠지요. 여러분의 선물이 효율적인 선물이기를 바라나요? 아니면 친구를 향한 마음과 정성을 표현할 수 있기를 바라나요?

9
우리 동네에
핵 폐기장을 짓는다고?

정부에서 우리 동네에 핵 폐기장을 짓는 것이
가장 적절하다고 발표했어요.
여러 입지 조건을 따져 봤을 때
우리 동네가 최적의 선택지라는 것이 정부의 입장이지요.
여러분은 정부의 결정에 찬성하나요, 반대하나요?

2100명의 주민이 살고 있는
스위스의 작은 마을 볼펜쉬센(Wolfenschiessen).

수년간 **핵 폐기물 저장소**를 고민하던 스위스 정부는
이 작은 산골 마을을 후보지로 고민했어요.

경제학자들이 마을 주민들에게 물었어요.

"국민 투표 결과, 스위스 의회가 볼펜쉬센에
핵 폐기장을 짓겠다고 결정한다면
이를 받아들이시겠습니까?"

찬성 51%

근소한 차이지만 놀랍게도 주민의 과반수 이상이 핵 폐기장 건립을 받아들이겠다고 했어요.

> 핵 에너지를 이용하는 국가에 살고,
> 핵 폐기물은 어딘가에 묻혀야 하니
> 어쩔 수 없이 받아들여야지요.

> 내키지는 않지만,
> 우리 동네가 가장 안전하다면
> **시민의 의무로** 기꺼이
> 그 부담을 감당해야 한다고 생각해요.

경제학자들이 다른 조건을 걸고
주민들에게 질문했어요.

"의회가 마을에 핵 폐기장을 건립하는 대신
주민들에게 매년 **보상금**을 주겠다고 합니다.
여러분은 핵 폐기장 건립에 찬성하시겠습니까?"

찬성 25%

조사 결과는 뜻밖이었어요.
보상금을 제시했더니
핵 폐기장 건립을 찬성하는 비율이
오히려 뚝 떨어졌어요.

절대 찬성할 수 없어요.
저는 **뇌물**에 매수당하지 않을 겁니다.

보상금을 더 늘린다고 해도
저는 반대입니다.
핵 폐기장 건립은 돈의 문제가 아니에요!

다른 사례를 하나 더 살펴볼까요?

이스라엘에서는 매년 몇 차례 '기부의 날'이 열려요.

이날 이스라엘 고등학생들은 집집마다 돌아다니며

기부금을 모금하러 다니지요.

경제학자들은 학생들을 세 그룹으로 나누어

기부금 모금에 각각 다른 **조건**을 제시했어요.

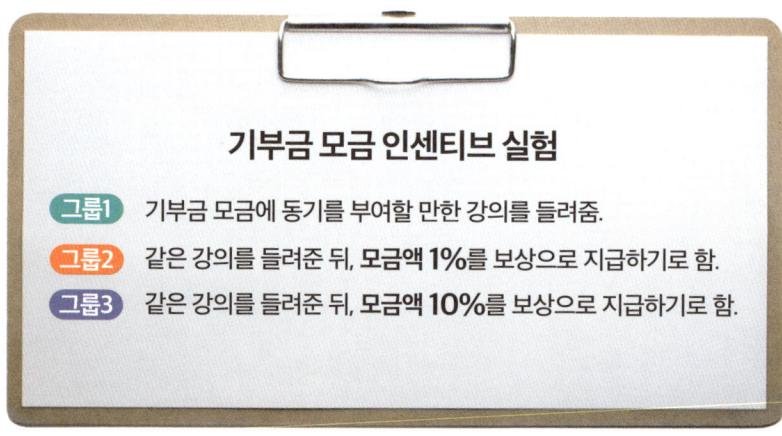

기부금 모금 인센티브 실험

그룹1 기부금 모금에 동기를 부여할 만한 강의를 들려줌.
그룹2 같은 강의를 들려준 뒤, **모금액 1%**를 보상으로 지급하기로 함.
그룹3 같은 강의를 들려준 뒤, **모금액 10%**를 보상으로 지급하기로 함.

실험 결과는 어땠을까요?

실험 결과가
여러분의 예상과 같나요?

돈을 받는다면
동기 부여를 받고
더 많은 기부금을 모아야 하지 않을까요?

왜 예상과는 다른 결과가 나온 걸까요?

9 금전적 보상이 항상 더 큰 동기 부여로 이어질까요?

흔히 금전적 보상을 제안하면 사람들이 더 크게 동기 부여를 받을 거라고 생각하지만, 이스라엘에서 있었던 기부금 모금 실험 결과는 그러한 고정 관념에 의문이 들게 했어요. 금전적 보상을 바란 학생들보다 시민의 의무를 수행한다고 생각한 학생들이 도덕적·시민적 헌신을 발휘하여 더욱 적극적으로 기부금을 모았지요.

핵 폐기장 건립 문제도 마찬가지예요. 핵 폐기장을 건립하는 대가로 보상금을 지급하겠다고 하자, 마을 주민들은 핵 폐기장 건립 문제를 시민의 의무와 관련된 일이 아닌 금전 문제로 인식했어요. 시민의 의무로 생각할 때는 핵 폐기장 건립을 받아들일 수 있었지만, 금전 문제로 생각하자 금액에 상관없이 받아들이기 어려웠어요. 결국 많은 주민이 핵 폐기장 건립에 반대 의견을 냈지요. 시민의 의무라는 가치가 금전적 보상 때문에 변질된 거예요.

연구 결과에 따르면 지역 사회는 현금보다는 공공재 형식의 보상을 좋아한다고 해요. 현금으로 보상받으면 자유롭게 시민들이 원하는 공공재를 만들거나 개인이 사용할 수 있어 경제적으로 더 효율성이 높을 텐데도 말이에요. 시민들에게 보상금은 지역 사회가 훼손되는 것을 모르는 척해 달라는 뇌물로 보여요. 반면 도서관, 놀이터, 학교와 같은 공공재는 공동체를 강화하고 공공 정신을 존중하는 역할을 함으로써 시민의 희생을 시민을 위한 공공재라는 동일한 가치로 보상받는 것으로 느껴지지요.

금전적 보상이 개입되는 순간 시장 논리에서 벗어난 규범인 시민 의식이나 공공 정신이 지닌 가치와 의미는 변질되어 부패돼요. 돈은 사람들이 가졌던 도덕 가치나 헌신을 밀어내 버리지요.

경제학자들은 재화가 상품화되어도, 즉 재화를 시장에서 사고팔아도 재화의 특징은 바뀌지 않는다고 해요. 하지만 본래 시장에서 거래되지 않던 것들이 시장에서 거래되면서 시장이 재화를 변질시키지 않는다는 주장은 타당성을 잃고 있어요.

가치 있다고 생각하는 활동에 참여하는 사람들에게 대가로 돈을 주면, 돈이 그들의 흥미나 헌신을 밀어내거나 그 가치를 떨어뜨리고, 그들이 가졌던 동기를 약화시켜요. 이러한 '밀어내기' 현상은 사람들의 마음속에서 일어나는 자발적인 동기나 도덕적인 헌신이 중요한 교육, 건강, 자발적 단체, 시민 생활 등 여러 측면에 시장 논리를 적용하는 것이 적절할지 의문을 품게 하지요. 금전적 보상을 제공하면 동기 부여가 될 거라는 기본 경제학 법칙을 거스르는 현상이 나타나기 때문이에요.

때로 사람들은 시장 논리보다 도덕, 의무, 헌신 등을 고려해서 행동을 결정해요. 사람의 마음을 움직이는 것이 시장 논리인지 도덕 의식인지, 결정을 내리는 상황에 따라 다르게 생각해 보아야 하는 이유예요.

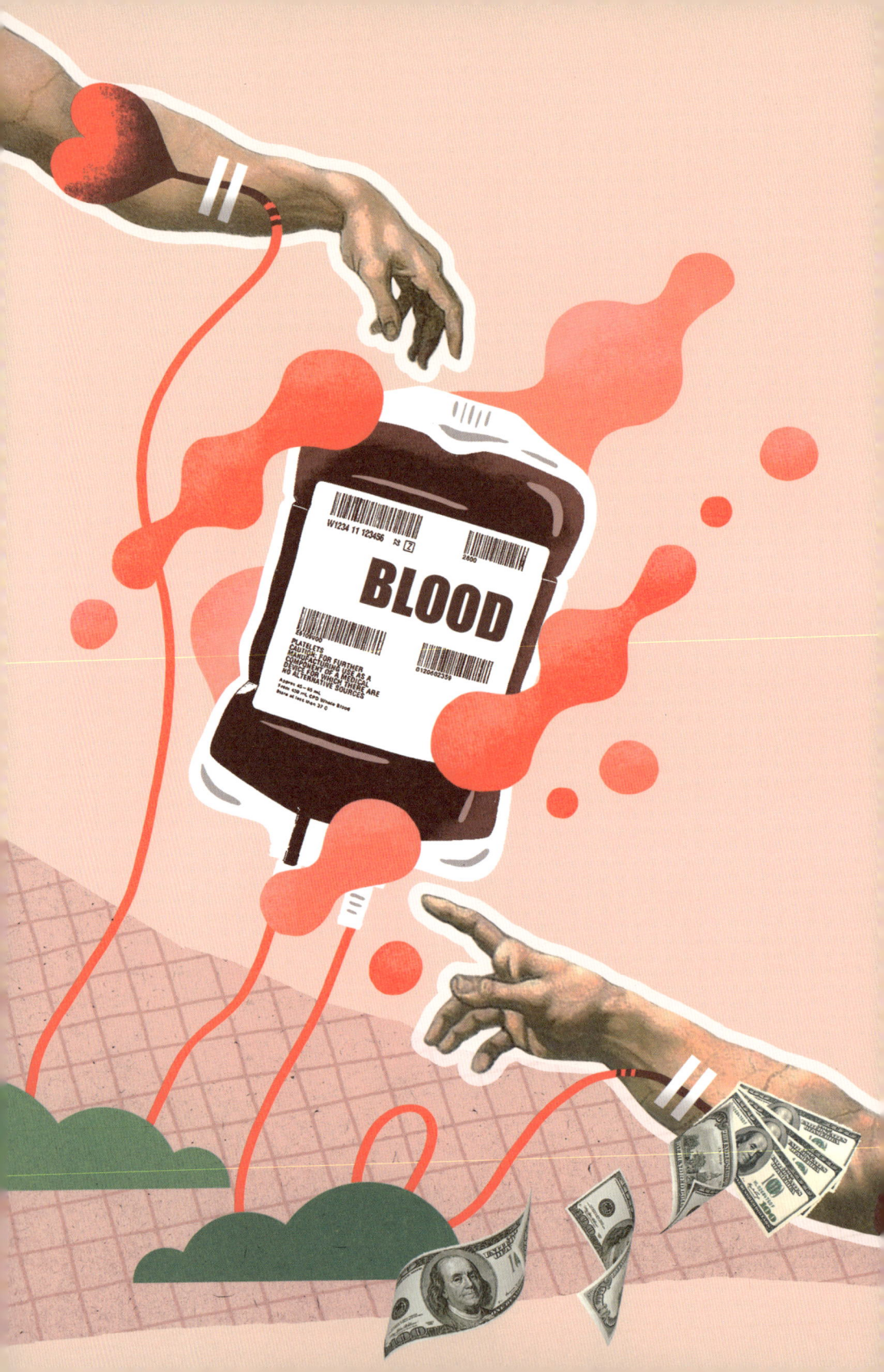

10
혈액을 판다고?

우리나라에서는
헌혈의 대가로 현금을 지급하지 않아요.
헌혈을 하면 돈을 주겠다고 한다면
여러분은 어떻게 할 것 같나요?

돈을 주면
헌혈을 더 많이 할까요?

1970년 리처드 티트머스(Richard Titmuss)라는
영국의 사회학자가
헌혈에 대해서 연구했어요.

영국

보상 없이 자발적으로 헌혈하는
사람들로부터 혈액을 공급받음.

영국의
자발적 기증 시스템

미국

일부는 기증받고
일부는 사람들에게서 혈액을 구입하는
혈액은행을 운영하여 공급받음.

미국의
혈액 구매 시스템

어느 나라의 헌혈 시스템이
더 잘 운영될까요?

Q 리처드 티트머스 교수님,
혈액을 돈으로 사고파는 일을 비판하셨는데,
그 이유는 무엇인가요?

A 두 가지 윤리 문제 때문이에요.
첫 번째로
혈액 시장이 가난한 사람을
착취하기 때문이지요.
**가난한 사람들이
혈액을 판매하는 일로 내몰리는 것은
공정하지 않아요.**

두 번째로 혈액이 돈으로 거래되면
혈액을 기증하려는 사람들이 가진
의무감이나 도덕성이 줄어들기 때문이에요.
**사람들의 이타주의 정신이 약해지고
스스로 기증하려는 마음도 변질되겠지요.**

혈액의 상품화는
이타주의를 약화시키고, '우리'라는
공동체 감각을 잃게 할 겁니다!

1970년대 가장 유명한
미국 경제학자 중 한 분인
케네스 애로(Kenneth Arrow) 교수님,
혈액을 시장에서 사고팔아도
문제가 없다고 생각하시나요?

 그렇습니다.
**어떤 활동을 상업화한다 해도
활동 자체의 가치와 의미는
바뀌지 않기 때문이에요.**

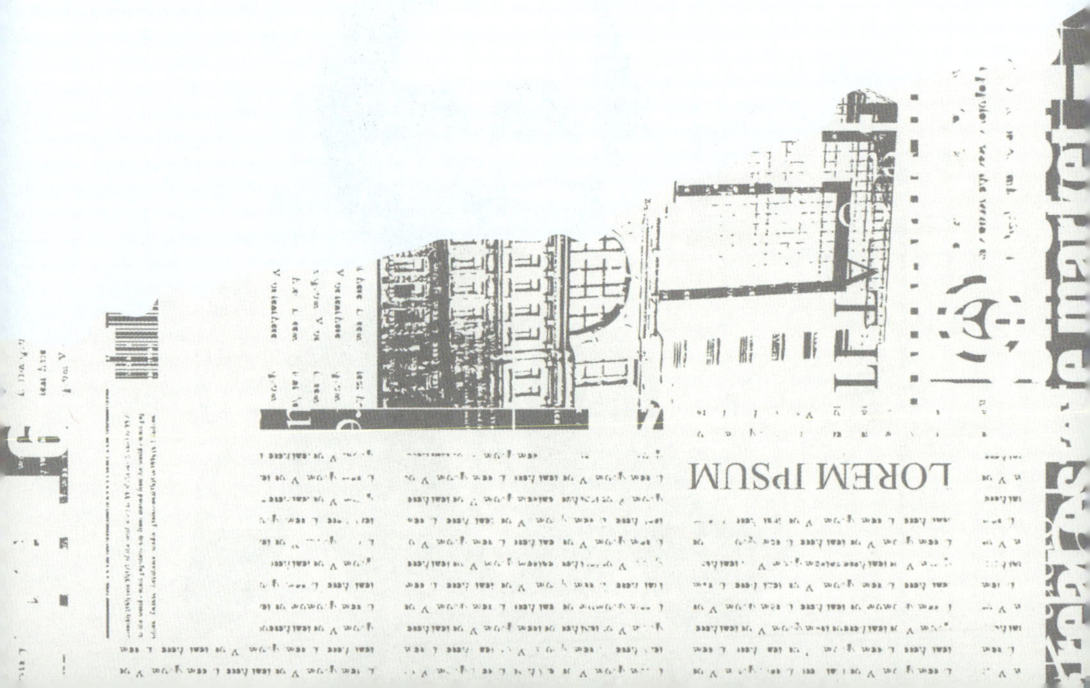

또 윤리적 행동은
아껴야 하는 상품이기 때문이에요.

이타주의·관용·공동체 의식·시민의 의무 같은
도덕성은 사용하면 고갈되는 희소한 자원이에요.
그러니 지나치게 의존해서
낭비하고 소모하면 안 되지요.

혈액 시장은 **희소한 미덕들을 아껴서**
이타주의 감정을 필요한 곳에 쓰게 합니다.

우리나라에서는 헌혈하는 사람에게
돈으로 보상하지 않아요.
헌혈은 자발적인 봉사 활동으로 이루어지고 있지요.

헌혈의 대가로 돈을 지급한다면,
혈액 부족 현상을 막을 수 있을까요?

혈액을 돈으로 사고팔아도 될까요?

윤리적 행동은
사용할수록 점점 줄어들거나 없어질까요?

여러분은 어떻게 생각하나요?

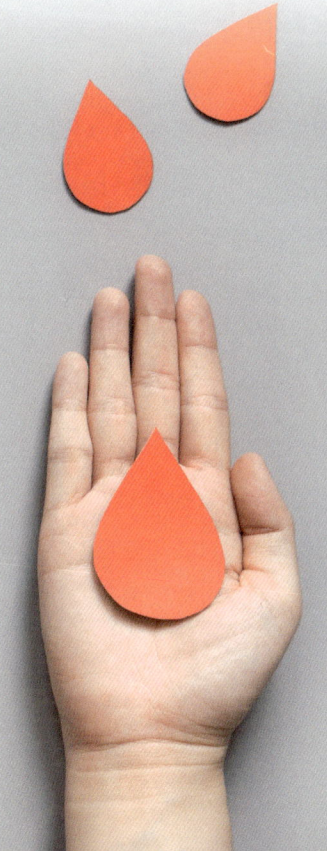

10 혈액을 팔아도 될까요?

영국의 경제학자 프레드 허슈(Fred Hirsch)는 경제학이 '상품화 효과'를 무시하고 있다고 주장했어요. 상품화 효과란 상업적인 조건에만 지나치게 의존하여 제품의 성질이나 공급에 미치는 영향을 뜻해요. 즉 재화를 시장에서 거래하면, 재화의 성질이나 공급에 영향을 미치게 된다는 뜻이지요.

영국의 사회학자 리처드 티트머스가 헌혈에 관하여 한 연구를 살펴보면 상품화 효과가 무엇인지 이해할 수 있을 거예요. 리처드 티트머스는 자발적인 기증자에게서 혈액을 기증받는 영국과 혈액을 구입하는 혈액은행을 함께 운영하는 미국의 사례를 연구했어요. 티트머스는 혈액을 시장에서 거래하는 미국에서 혈액 부족 현상, 혈액 낭비, 높은 비용, 혈액 오염 등의 문제가 벌어질 위험성이 더 높다고 주장하며, 혈액을 상품으로 다루어서는 안 된다고 비판했어요. 혈액이 상품화되면서 혈액의 공급에 영향을 미치게 된 것이지요.

티트머스는 공정성과 부패의 두 측면에서 혈액의 상품화를 비판했어요. 티트머스는 이윤을 추구하는 미국 혈액은행들이 필요한 혈액을 가난한 사람들로부터 사들인다는 사실을 발견했어요. 가난한 사람들은 혈액을 팔아 돈을 벌었고, 부자들이 그 혈액을 사용했지요. 또 티트머스는 혈액이 상품화되면 자발적으로 헌혈하려는 사람들이 줄어들고 사람들의 이타심이 약해질까 봐 우려했어요.

미국 경제학자 케네스 애로는 티트머스의 주장에 반박했어요. 그는 어떤 활동이 상업화된다 해도 그 활동의 성격이나 가치, 특성이 바뀌지는 않는다고 주장했어요. 혈액 시장이 생겼다고 해도 개인이 원한다면 헌혈할 수 있으므로, 자발적으로 헌혈할 권리는 훼손되지 않는다고 생각했지요. 또 애로는 윤리적 행동을 아껴야 하는 상품이라고 주장하기도 했어요. 이타주의, 관용, 공동체 의식, 시민 의식 같은 도덕적인 정서를 사용하면 없어지는 자원으로 생각하여 꼭 필요한 곳에 아껴서 사용해야 한다고 주장했지요.

케네스 애로의 주장처럼 경제학자들은 정책을 세울 때 개인의 미덕보다는 경제적 이익을 추구하는 논리에 의존해서 사회가 사람들이 가진 미덕을 낭비하지 않도록 해야 한다고 주장해요. 이들은 사랑, 자선, 봉사 같은 사회적 미덕이 사용할수록 사라진다고 생각해요. 이를 '사랑의 경제화'라고 해요. 그러나 사랑의 경제화 개념은 우리가 베푸는 사랑과 자선의 양이 사용할수록 고갈되기보다 오히려 커질 수 있다는 점을 무시해요.

고대 그리스 철학자 아리스토텔레스는 경제학자들의 믿음과는 달리, 우리의 이타심이나 시민 의식은 운동하면 발달하고 더욱 강해지는 근육에 가깝다고 생각했어요. 프랑스 사상가 루소 역시 사람들이 직접 봉사하는 대신 돈을 내려고 한다면 그 국가는 머지않아 멸망할 것이라고 주장했지요.

이타주의, 관용, 공동체 의식, 시민 의식 등의 사회적 미덕을 사용할수록 고갈되는 상품에 비유하는 것은 잘못된 비유예요. 이러한 미덕은 운동하면 발달하고 더욱 강해지는 근육에 가까워요. 오히려 시장에 지나치게 의존하는 사회야말로, 이 같은 미덕이 줄어드는 걸 방치하는 사회가 아닐까요?

11
죽음을 돈으로 계산하면?

회사에서 일하던 직원이 세상을 떠났어요.
직원은 생전에 생명 보험에 가입되어 있었어요.
그런데 보험금은 직원의 유가족이 아니라
직원이 다니던 회사가 받았어요.
어떻게 이런 일이 생겼을까요?

미국 뉴햄프셔주 틸턴의 월마트 매장에서
부지배인으로 일하던 마이클 라이스(Michael Rice)는
고객이 구매한 텔레비전을 옮기다가
심장 마비로 세상을 떠났어요.

라이스는 사망하면 보험금을 받을 수 있는
생명 보험에 가입되어 있었어요.
보험금은 30만 달러(약 4억 원).

그런데 라이스의 보험금은
유족이 아닌 월마트에 지급되었어요.

**왜 라이스의 사망 보험금은
유족 대신 월마트에게 지급됐을까요?**

라이스의 생명 보험은
월마트에서 가입한 보험이었어요.

월마트 측 변호사

우리는 직원을 고용하고 교육하는 데
상당한 금액을 투자했고,
그 직원이 죽지 않았다면 이익을 얻었을 거예요.
우리는 이 사고가 발생하며 입은 손해를
보험으로 보장받았을 뿐이에요.

유족 측 변호사

월마트 같은 대기업이
직원의 생명을 걸고
도박하는 것과 다를 바 없는 짓을
해서는 안 됩니다.

생명 보험은 가족이 목숨을 잃었을 때
나머지 가족의 생계를 돕는
안전망 역할을 위해 가입하는 경우가 많아요.

그러나 미국 기업들은
돈을 벌기 위한 하나의 전략으로
직원들의 생명 보험을 가입했어요.

2008년까지 미국 은행 업계에 가입된
기업들의 직원 명의 생명 보험은
1220억 달러(약 160조 원)에 이르렀지요.

직원들의 생명 보험으로
**직원들의 죽음을 통해
큰돈을 벌어들이는 회사**에 대해서
어떻게 생각하나요?

직원이 죽었을 때 회사가
보험금을 받아도 될까요?

직원 명의의 보험금을
회사가 수령하는 미국의 관행은
왜 불쾌하게 느껴질까요?

11 직원의 죽음에서 이익을 얻어도 될까요?

기업이 직원 명의의 생명 보험에 가입하는 목적은 원래 기업의 최고 경영자나 중역이 갑자기 사망할 경우를 대비하는 것이에요. 그런데 1980년대 미국 보험법이 개정되어 기업이 전 직원의 명의로 보험을 가입할 수 있게 되자, 미국에서는 점차 직원들 명의로 생명 보험에 가입하는 회사들이 늘어났어요. 미국의 많은 기업은 세금을 물지 않는 직원의 사망 보험금과 생명 보험과 관련된 금융 상품 투자를 통해 이익을 얻고 있지요. 이렇듯 기업이 직원의 죽음을 통해 이익을 취해도 되는 걸까요?

회사가 직원의 죽음을 통해 이익을 얻는다면 안전한 작업 환경을 만들지 않을 수도 있지 않을까요? 회사가 직원의 안전을 위협하는 환경을 방치하거나 위험을 조장할 수도 있다는 말이지요. 그러나 고의로 직원의 안전을 위협하는 것은 범죄 행위예요. 회사의 범죄 행위까지 상상하지 않더라도 우리는 직원의 죽음이나 죽음에 대한 투자로 회사가 돈을 버는 일에 거부감을 느끼지요. 그 이유를 알기 위해서는 이 문제를 도덕적 측면에서 생각해 보아야 해요.

첫 번째 도덕적 문제는 직원들이 회사가 자신의 명의로 생명 보험에 가입하는 것을 동의했는지 여부예요. 자신도 모르게 회사가 생명 보험에 가입한 것을 알게 되면 직원들은 이용당한다는 기분이 들 거예요. 하지만 회사가 직원들 모르게 보험에 가입했다고 해도 직원들에게 아무런 해도 끼치지 않았다면 문제가 없지 않을까요? 보험은 회사와 보험 회사 사이의 거래일 뿐이지요.

설령 직원이 자신 명의로 생명 보험에 가입하는 것을 동의했더라도 도덕적인 문제는 남아 있어요. 회사가 가입한 생명 보험은 직원이 살아 있을 때보다 죽었을 때 더 가치 있는 조건을 제시하고 있다는 점이에요. 회사가 직원의 가치를 직원이 하는 일에서 찾지 않고 직원이 죽었을 때 받게 될 보험금에서 찾음으로써, 직원을 회사의 이익을 위한 일종의 상품처럼 대하게 되지요.

생명 보험은 보통 가족을 잃은 사람들이 겪는 경제적 어려움을 줄여 주고자 가입하는 보험이에요. 같은 맥락에서 직원의 사망에서 오는 기업의 손해를 보상한다는 생명 보험의 목적이 왜곡되고 있어요. 기업은 직원의 생명 보험을 세금 혜택을 위한 도구로 이용하고, 직원의 죽음을 통해 이익을 얻는 투자의 한 방법으로 이용하고 있어요. 이런 잘못된 접근은 우리에게 불쾌감을 주지요.

직원의 생명을 이익을 얻기 위한 도구로 활용하는 것을 허용해도 될까요? 누군가의 생명을 투자의 도구로 삼는 것은 과연 적절한가요?

12
아직 살아 있냐고?

서로 완전히 달라 보이는
보험, 투자, 도박.
그런데 공통점이 있다고요?
사람의 죽음을 두고 수익을 따져
투자와 도박을 저울질하는 게 정말 괜찮을까요?

1998년 뉴욕에 사는
에이즈 환자 켄들 모리슨(Kendall Morrison)은
신약이 개발되어 건강을 회복하고 있었어요.

그런데 몇몇 사람이 모리슨에게
택배를 보내고 전화를 걸었어요.

마치 **"당신 아직 살아 있나요?"**
하고 묻듯이 말이에요.

모리슨에게 연락을 한 사람들은
그가 오래 살아남기 어렵다고 예상해
그의 생명 보험 증권을 샀던 투자자들이었어요.
미국에서는 생명 보험 증권을 사고팔 수 있거든요.

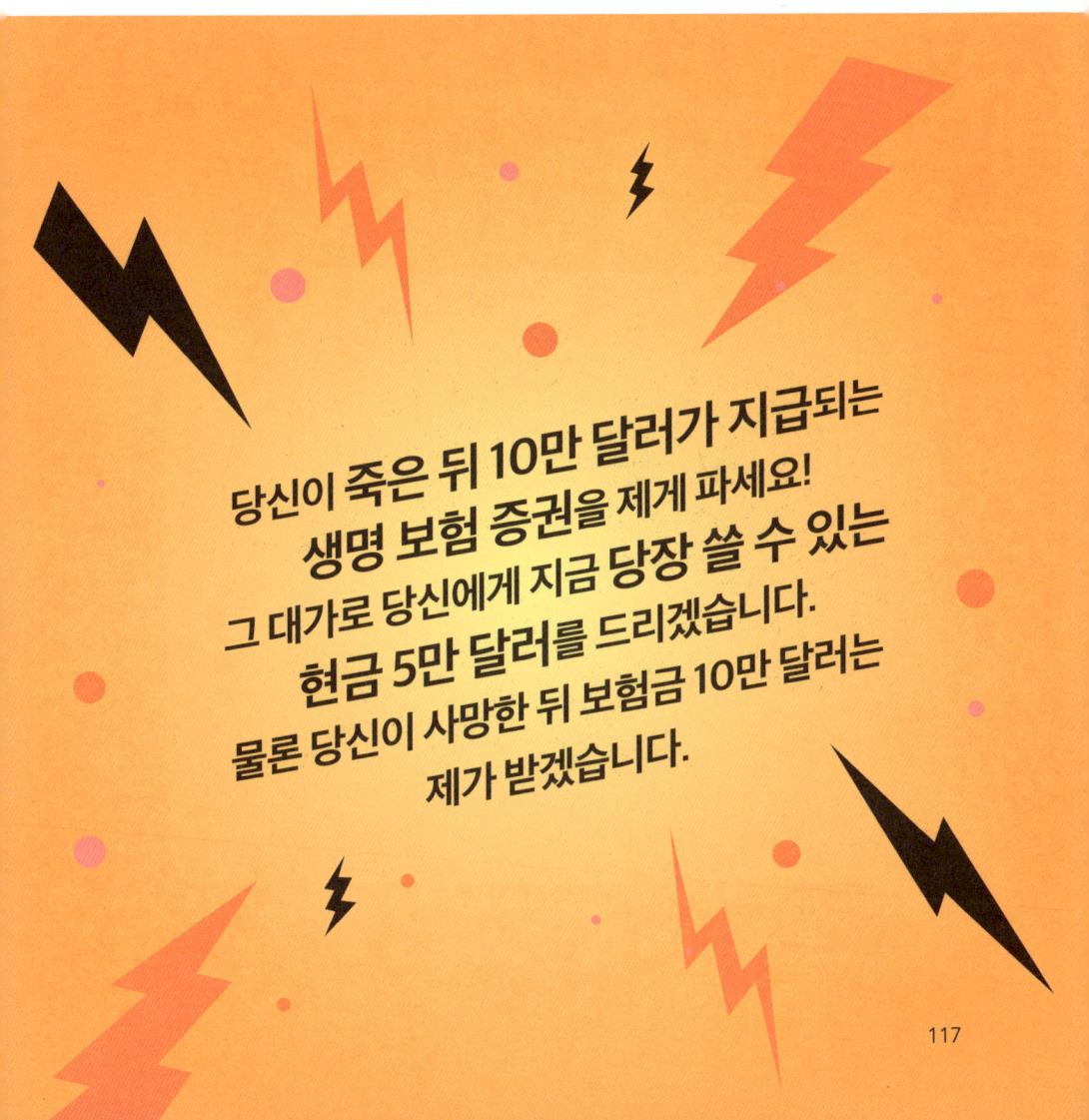

당신이 죽은 뒤 10만 달러가 지급되는
생명 보험 증권을 제게 파세요!
그 대가로 당신에게 지금 당장 쓸 수 있는
현금 5만 달러를 드리겠습니다.
물론 당신이 사망한 뒤 보험금 10만 달러는
제가 받겠습니다.

생명 보험 증권의 투자자는
보험 계약자가 일찍 사망할수록
적은 투자금(보험료)을 내기 때문에
더 많은 수익을 얻어요.

그러나 보험 계약자가
기적적으로 몇 년 더 살거나
건강을 회복한다면 **투자 수익률**이 떨어지거나
아예 한 푼도 벌지 못할 수 있지요.

사람의 죽음을 두고
투자 수익과 **이윤**을 따지는 생명 보험 증권 사업.

타인의 죽음을 바라고
타인의 죽음에 따라 수익이 결정되는 투자는
사회에 어떤 영향을 미칠까요?

12 사람의 죽음에 투자하는 것은 사회에 어떤 영향을 줄까요?

영국에서 17세기 후반 생명 보험이 등장할 당시, 보험은 도박과 비슷했어요. 사람들은 선박이 실종되면 보험금을 지급하는 보험 상품에 가입했어요. 이후 보험법이 개정되면서 생명 보험은 유가족들의 생계에 도움이 되는 자선 제도 역할을 해 왔어요. 사람들은 남겨질 가족들을 위한 이타적인 목적으로 생명 보험에 가입했지요. 그러나 오늘날에 이르러 생명 보험은 다시 투자의 대상이 되고 있어요.

우리나라에서는 낯선 일이지만, 미국에서는 생명 보험 증권을 사고파는 일이 가능해요. 그래서 생명 보험을 투자 상품처럼 활용하지요. 불치병에 걸렸거나 죽음을 앞둔 사람들은 자신이 유지하기 힘든 생명 보험 증권을 판매해서 돈을 받아요. 생명 보험 증권을 구매한 사람은 보험 계약자 대신 보험료를 내며 계약을 유지하다가 보험 계약자가 세상을 떠나면 보험금을 받지요.

곧 죽음을 맞이할 거라 생각했던 보험 계약자가 기적적으로 회복하거나 생각보다 오래 생존한다면, 생명 보험 증권을 구매한 사람들은 보험금을 받기까지 더 많은 보험료를 내야 하기 때문에 투자 수익이 줄거나 손해를 입을 수 있어요. 이렇듯 생명 보험 증권을 사고파는 일은 마치 생명을 두고 도박을 하는 듯해요.

생명 보험 증권을 투자 상품으로 활용할 경우, 투자를 통해 얼마나 이익을 얻을 수 있을지 결정하는 것은 보험 계약자의 사망 시기이지요. 이는 우리에게 도덕적으로 거부감을 느끼게 해요. 타인의 생명을 두고, 그가 언제 죽을지에 따라 수익률이 달라지는 투기는 그 보험 증권이 자발적으로 가입한 것이든 합의를 통하여 판매된 것이든 도덕적으로 문제가 있어 보이지요.

다른 사람의 생명 보험 증권을 구매한 사람은 더 많은 수익을 얻기 위해 다른 사람이 빨리 세상을 떠나기를 바라는 그릇된 마음을 가질 수 있어요. 이러한 투자 방식은 투자자가 자신의 이익을 위해 타인의 죽음을 바라게 만들어, 투자자의 도덕성이나 생명 윤리 같은 인격을 훼손한다는 점에서 사회에 부정적인 영향을 끼쳐요.

생명 보험은 사람의 생명에 보험금을 책정함으로써 생명에 시장 가격을 매기는 역할을 해 왔어요. 생명 보험 증권을 사고파는 일은 생명에 매긴 시장 가격을 이용한 투기 수단이 되고 있어요.

거래 당사자가 자유롭게 맺은 효율적인 투자 수단이라면, 생명에 가격을 매겨도 괜찮은 걸까요? 한 사람의 삶과 죽음에 따라 투자 수익률이 결정되는 생명 보험 증권 관련 사업을 유지하고 확대해도 될까요? 이러한 사업에 의하여 사람들의 도덕성과 생명 윤리는 어떤 영향을 받게 될까요?

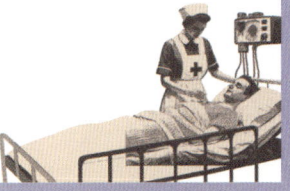

13
테러를 돈으로 예측할 수 있다면?

테러리스트들이 언제, 어디서, 누구를 테러할지
알아낼 수 있다면 어떨까요?
하지만 이 정보를 얻기 위해서는 비윤리적인 도박이 필요해요.
게다가 얻은 정보는 확실하지 않고,
가능성이 높은 정도일 뿐이에요.
여러분은 이 도박에 참여하겠습니까?

올해 말까지 **세상을 떠날 확률**이
가장 높은 사람은 누구일까요?

○ 할리우드 배우 A
○ 전 국회의원 K
○ 유명한 천문학자 P
○ 축구 선수 R

정답을 맞히면
상금 3000달러(약 400만 원)를 드립니다!

데스 풀(Death Pool)은 인터넷 공간에서
올해 어떤 유명 인사가 사망할지 예측하여
승부를 겨루는 도박 게임이에요.

주로 나이가 많거나 질병을 앓는
사람의 이름이 오르내리지요.

누군가의 생명을 두고 도박을 하면서
죽음을 통해 이익을 얻는 행위.

이들의 도박이 누군가의 죽음에
전혀 영향을 미치지 않는다고 해도
잘못된 행동이라고 생각하나요?

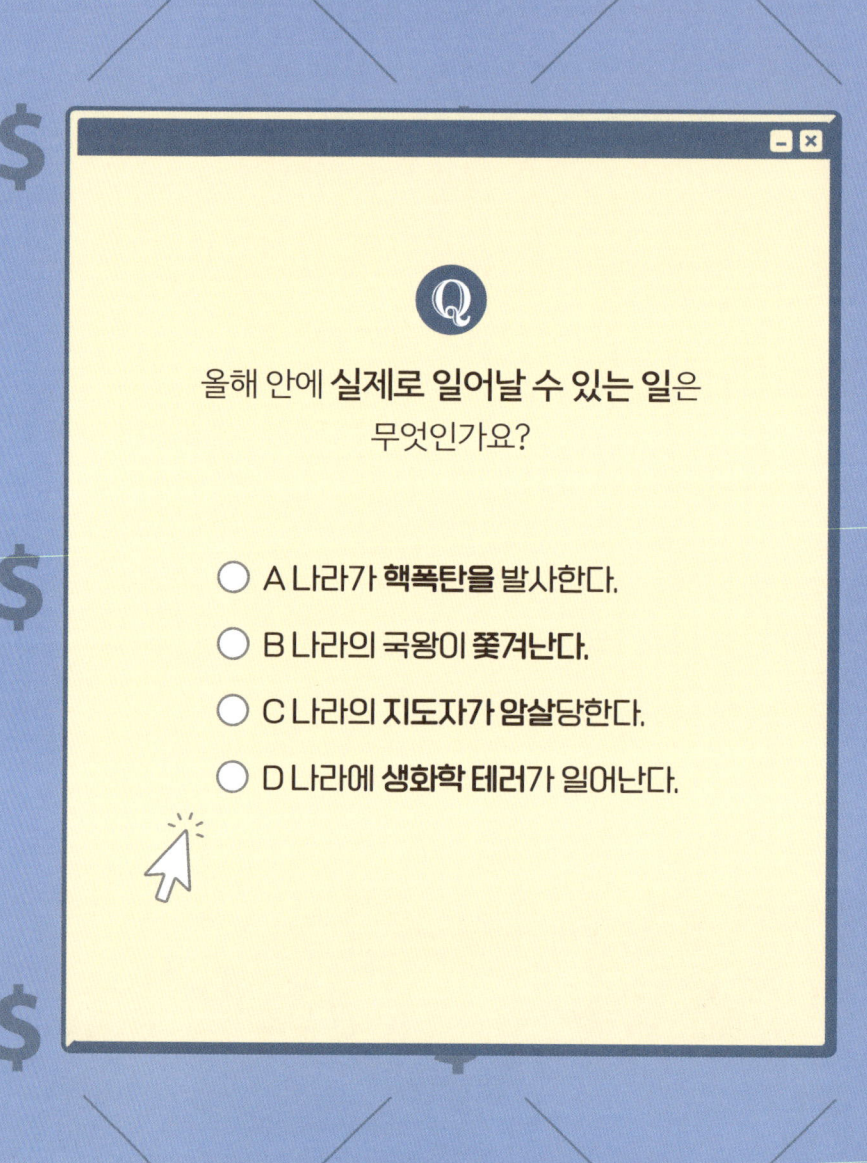

각 나라에 일어날 수도 있는
여러 상황들을 두고 벌이는 도박은 어떤가요?

실제로 미국 국방부는 2000년대 초
이와 비슷한 웹사이트를 개설하려고 했어요.

이른바 **테러리즘 선물 시장**[*]이에요.

> **선물 시장**
> 미래 특정 시점에 물건을 넘겨준다는
> 조건으로 미리 물건을 사고파는 거래를
> 하는 시장을 뜻해요.

> **미국 국방부 성명서**
>
> 연구 결과에 따르면 선물 시장은
> 감춰진 정보를 시기에 맞게 수집하는 데 효율적입니다.
> 선물 시장이 선거 결과 등을 예측하는 데 탁월한 도구이며,
> 종종 전문가의 의견보다도
> 상황을 정확하게 예측한다는 것은 입증된 사실입니다.

이 프로그램을 지지한 사람들은 이렇게 주장했어요.

> 시장은 정치인들에 의해서 정보가 왜곡되지 않아요.

> 테러리즘 선물 시장은 자유 시장이 지닌 뛰어난 예측 능력을 정보기관이 반영할 수 있는 좋은 방법입니다.

미국 상원 의원들은 이 프로그램을 격렬히 반대했지요.

"다른 나라가 미국 정치가의 암살 가능성에
도박을 거는 상황을 상상할 수 있겠습니까?"
- 바이런 도건(Byron Dorgan), 노스다코타주 민주당 상원 의원

"잔악한 행위와 테러리즘에 관한 도박의 장을
국가 차원에서 만들자고요?"
- 론 와이든(Ron Wyden), 오리건주 민주당 상원 의원

이 프로그램의 효율성을 의심하는 사람들도 있었어요.

선물 시장이 밀이나 오렌지의
가격 예측에는 뛰어날지 몰라도
드물게 일어나는 사건을
예측하기는 어렵습니다.

테러리스트들이 계획을 조작할 수도 있지요!
그들끼리 거래하거나, 그들의 계획을
감추는 방법으로 사용할 수도 있어요.

테러리즘 선물 시장은
정확한 정보를 수집하고
미래를 예측하는 데 효과적인 도구일까요?

정말로 테러리즘 선물 시장이
효과적인 첩보 도구라면
이 도구를 활용해도 될까요?

데스 풀처럼 단순한 오락을 위해서가 아니라
테러 예측이나 국가 안보 같은 공공의 이익을 목적으로 한다면
다른 사람의 목숨이나 테러에 관련된
도박의 장을 열어도 될까요?

**가치 있는 목적을 위해서라면
타인의 생명을 두고 도박을 벌여도 될까요?**

13 테러리즘 선물 시장은 왜 허용되지 않았을까요?

올해 안에 어떤 유명 인사가 죽을지를 놓고 내기를 벌이는 데스 풀은 죽음을 두고 벌이는 도박이라는 점에서 불쾌해요. 누군가의 생명을 두고 도박을 하고, 그 사람의 죽음으로 이익을 얻는 행위는 잘못된 것으로 느껴져요. 앞서 생명 보험 증권 거래가 비슷한 이유로 비판을 받았지요.

생명 보험 증권을 거래하거나 데스 풀에 참가한 사람들은 다른 사람의 죽음을 앞당길 만한 짓을 하지는 않았어요. 그럼에도 사람들은 이러한 행태에 불쾌감을 느끼고 비판해요. 특히 데스 풀처럼 오락을 목적으로 하는 도박의 경우, 더 큰 거부감을 느끼지요. 죽음에 대해서 장난하는 것 같은 불건전한 태도를 보이기 때문이에요.

그런데 공익적인 목적을 추구하는 데스 풀이라면 어떨까요? 미국 국방부에서 국제 정세와 관련된 정보를 수집하기 위해 테러리즘 선물 시장을 개설하려 했어요. 선물 시장이 감춰진 정보를 수집하는 데 적절한 도구라고 주장하면서요. 그러나 많은 사람이 이러한 정책에 반대했고, 결국 미국 국방부의 계획은 실패로 돌아갔어요.

테러리즘 선물 시장은 데스 풀과 달리 국가 안보라는 사회적 가치를 목적으로 해요. 어떤 수단이 테러 공격을 막는 데 효과적이라면 검토할 가치가 있지 않을까요? 그런데 왜 테러리즘 선물 시장은 허용되지 않았을까요?

테러리즘 선물 시장의 문제는 타인의 사망과 불운을 두고 도박을 벌이고 이익을 얻는다는 점이에요. 물론 이것에 문제가 없다고 생각할 수도 있어요. 정보를 얻는 과정에서 사람들은 거짓말을 하거나 훔치거나 사람을 죽이기도 하는데, 테러리즘 선물 시장 정도는 큰 문제가 되지 않는다고 생각할 수도 있지요.

그러나 여기서 고려해야 하는 것은 타인의 생명을 두고 도박을 벌여 판돈을 따고, 자신의 이익을 위해서 누군가가 죽기를 바라는 도덕적인 추악함이에요. 사회에서 이러한 일들이 비일비재하게 일어난다고 해서 그러한 부도덕한 행위를 바탕으로 한 제도를 정부가 주도하여 만들고 지원하는 것은 적절하지 않을 뿐만 아니라 도덕적으로 부패한 행위이지요.

테러리즘 선물 시장이 테러 공격을 막아 낼 유일한 방법이라면 어떨까요? 시장이 권하는 대로 도덕적으로 둔감해진 상태로 살겠다고 결정할 수도 있을 거예요. 하지만 죽음을 거래하는 시장이 우리에게 친숙한 일상이 된다면, 많은 사람이 생명을 경시하는 태도를 보이게 되고 윤리에 관한 생각과 고민이 무뎌지지 않을까요? 생명을 경시하고 윤리를 고민하지 않는 사회는 사람들이 살아가기 좋은 곳일까요?

14
야구장에서 잃어버린 것은?

야구장에서 무엇을 살 수 있을까요?
선수들의 유니폼, 치킨, 응원 도구…….
그리고 여러분이 몰랐던 상품까지.
야구장에서 살 수 있는 게 많을수록 좋을까요?

> 맥과이어 씨, 이 공은 당신 것입니다.

1998년 미국 메이저 리그 선수
마크 맥과이어(Mark McGwire)가 친 시즌 62번째 홈런 볼.
그 공의 가치는 100만 달러(약 13억 원) 이상!

놀랍게도 홈런 볼을 잡은
팀 포너리스(Tim Forneris)라는 팬은
아무런 대가 없이 그 홈런 볼을
마크 맥과이어 선수에게 **돌려주었어요.**

> 공을 잡았다면 그 공은 포너리스의 공입니다.
> 공을 되돌려 준 것은 돈에 대해
> 이해가 부족한 태도예요.

어느 금융 칼럼니스트는
포너리스의 결정을 비판했어요.
그는 포너리스가 홈런 볼을 돌려준 것을
자기 소유물을 어리석게 낭비하는 행위라고 생각했어요.

야구장에서 구할 수 있는 수집품들은
높은 가치를 가진 재화이기 때문이지요.

야구 선수가 사인한 야구공, 야구 방망이, 유니폼, 홈런 볼,
부러진 야구 방망이, 선수가 밟은 흙까지…….
야구 경기에 사용된 것들이
수집품으로 팔려 나가요.
때로 색다른 물건들도 판매되고요.

불법 도박으로 추방된 타자의 사인 볼
299달러(약 40만 원), 배송비 포함

외야수가 씹던 껌
1만 달러(약 1300만 원), 기부

수술 후 투수의 팔꿈치에서 나온 뼛조각
2만 3600달러(약 3000만 원), 경매 중지

야구장에서 살 수 있는 것은 수집품만이 아니에요.
미국 메이저 리그 소속팀 대부분은
최고 가격을 제시하는 사람에게
구장의 **명명권***을 판매해요.

2006년 미국 금융 회사 '시티 그룹'은
뉴욕 메츠의 새로운 야구장에 '시티 필드'라는
이름을 20년 간 사용하는 대가로
4억 달러(약 5200억 원)를 지불했어요.

2010년대 무렵에는 미국의
프로 야구, 미식축구, 농구, 하키 경기가 열리는
경기장의 절반 이상이 명명권을 거래했어요.

명명권(명칭 사용권)
경기장, 극장, 박물관 등에
이름 붙일 권리를 의미해요.

> AT&T가 구원 투수를 투입합니다.

> 오! 세이프입니다. 안전하게 들어왔습니다. 뉴욕 생명.

> 미스 유틸리티가 후원하는 브라이스 하퍼가 타석에 들어섭니다.

홈런을 치거나 새 선수를 투입하는 특정 상황에 아나운서가 여러분이 원하는 말을 하게 만들 수도 있어요.

돈을 낸다면 말이지요.

야구장 곳곳에 침투한 광고들,
야구를 보다가 광고 때문에 거슬렸던 적 있나요?

**광고가 들어선 자리에
우리가 놓치고 있는 것은 없을까요?**

14 야구장에서 살 수 있는 게 많을수록 우리가 놓치는 것은 무엇일까요?

야구팬들의 마음을 설레게 했던 야구 선수들의 사인 볼은 비싼 수집품으로 주목받고 있어요. 경기를 기념하고, 좋아하는 선수를 응원하기 위해 소장하고자 했던 사인 볼이나 기념품은 높은 가격에 거래되는 상품이 되었지요. 야구 선수들은 수수료를 받고 기념품에 사인을 하고, 그 기념품들은 미국에서만 10억 달러(약 1조 3000억 원) 규모가 넘는 수집품 사업이 되었어요. 야구 선수들의 손길을 거친 물건들은 이제 추억이 담긴 기념품이 아니라 돈으로 가치를 매기는 상품이 되었지요. 이 때문에 금융 칼럼니스트는 마크 맥과이어의 홈런 볼을 되돌려준 팀 포너리스의 행동을 값어치 있는 자신의 소유물을 어리석게 낭비하는 행위로 비판했던 것이지요.

야구, 미식축구, 농구, 하키 등의 운동 경기는 사회 구성원을 결속시키고 시민에게 자부심을 주는 활동이에요. 각계각층의 스포츠 팬들은 선수들의 경기 장면을 보러 경기장에 한데 모여 스포츠 경기가 주는 희망을 공유하고, 간절히 같은 꿈을 응원하기도 해요. 스포츠 경기장은 수많은 사람들이 공간을 공유하며 같은 경험을 쌓는 공공장소이지요.

문제는 이 공간이 상업화되면서 공간을 채우던 공동체 의식을 밀어내고 있다는 점이에요. 운동 경기가 벌어지는 장소는 대부분 후원 기업의 이름을 내세워요. 이는 단지 그 장소의 이름을 바꾸는 것뿐 아니라 장소에 담긴 의미를 바꾸기도 해요.

사인 볼이 추억을 담는 대상이 아니라 값어치 있는 자산이 되어 버린 것처럼, 기업의 이름을 달고 수많은 광고에 둘러싸인 스포츠 경기장은 점차 스포츠 팬들이 공간을 공유하며 경험을 쌓는 명소로서의 의미를 잃고 기업들의 광고판 같은 이미지를 갖게 되지요. 경기의 승패를 즐겼던 추억, 선수나 팀을 응원하는 마음, 공동체로서의 경험 등 야구장이 가지던 다양한 의미들이 상업적인 성격을 띠면서 야구장의 많은 것에 값이 매겨지고 시장 논리에 훼손되고 있어요. 이제 공공장소로서 경기장이 지녔던 의미는 희미해지고 경기장을 채우던 관중들의 사회적 결속과 공동체 의식 역시 흐려지고 있지요.

이러한 현상은 비단 야구장에서만 일어나는 일이 아니에요. 우리 사회의 많은 것이 시장이 부여한 가격표를 달게 되면서 그것이 가졌던 개개의 가치와 특성을 잃고 변질되고 있어요. 상업화된 물건과 장소는 기존에 그것이 지녔던 다양한 가치와 의미를 잃고 부패되어 가지요. 우리가 야구장에서 많은 것을 살 수 있게 되면서 잃어버린 가치는 무엇인지 생각해 보아야 하지 않을까요?

15
머니 볼 전략이 놓친 것은?

미국 메이저 리그의 작은 팀, 오클랜드 애슬레틱스.
'머니 볼 전략'에는
스타 선수 없이 최고의 팀이 되었던
오클랜드 애슬레틱스의 놀라운 게임 법칙이 담겨 있어요.
상식을 깨는 전략과
그 전략이 불러온 예상하지 못한 변화는 무엇일까요?

2000년대 초반, 오클랜드 애슬레틱스의
빌리 빈(Billy Beane) 단장은
새로운 전략으로 팀을 이끌었어요.

바로 **통계학적 분석**을 통해
효율적으로 팀을 구성하는 전략이었지요.

빌리 빈 단장은
홈런이나 도루 같은 화려한 플레이를 하는
연봉이 비싼 선수들 대신
비교적 낮게 평가되어
연봉이 높지 않던 선수들을 뽑아
적은 비용으로 경쟁력 있는 팀을 꾸렸어요.

적은 비용으로
높은 효율을 추구한
'머니 볼(Money Ball)' 전략이었지요.

포볼(Four Ball)
투수가 타자에게 스트라이크가 아닌 볼을 네 번 던지는 것을 의미해요. 투수가 포볼을 던지면 타자는 첫 번째 베이스로 나가요.

출루
야구에서 타자가 공을 치거나 포볼 등으로 베이스로 나가는 것을 의미해요.

도루
야구에서 베이스에 선 주자가 수비의 허술한 틈을 타서 다음 베이스까지 가는 것을 의미해요. 주로 발이 빠른 선수들이 시도해요.

머니 볼 전략에 따라 꾸린
오클랜드 애슬레틱스 선수들의 연봉 총액은
약 4000만 달러(약 520억 원).
부자 구단인 뉴욕 양키스 선수들의 연봉 총액
1억 2600만 달러(약 1638억 원)의
3분의 1 수준에 불과했어요.

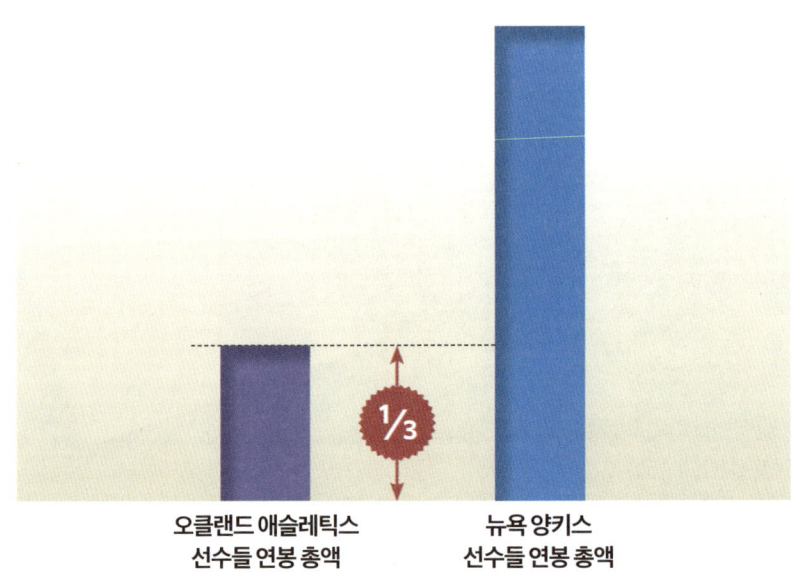

그러나 오클랜드 애슬레틱스는
2002년 아메리칸 리그 서부 지구에서 우승했어요.

> 야구에서 옳은 것은
> 훨씬 넓은 범위의 인간 활동에서도 옳다.

2004년 하버드 대학교 총장이었던
로런스 서머스(Lawrence Summers)는
머니 볼 전략에 삶에 대한 교훈이 담겨 있다고 생각했어요.

머니 볼 전략은 환경 규제 분야나 월가 등
여러 분야에 영향을 미쳤어요.

실제 그 분야에서 활약하는 사람들의 자리를
통계와 산술적 분석에 익숙한 사람들이
대신하게 되었지요.

그러나 머니 볼 전략이
미국 야구단 전체로 퍼져 나가면서
원래 연봉이 높지 않던
출루율 높은 선수들의 연봉이 높아지고,
결국 메이저 리그 팀의 승률을 결정하는 데
돈이 중요한 요소가 되었어요.

게다가 야구 경기가 주는 **재미도 떨어졌어요.**
타자는 타석에서 시간을 질질 끌며 포볼을 얻어 냈고,
주자는 대담한 도루를 시도하지 않았지요.

**정확한 수치로
효율적인 시스템을 지향했던 머니 볼,
이 전략이 맞이한 결말에 대해서
여러분은 어떻게 생각하나요?**

또한 머니 볼 전략을 도입했던

여러 분야에는

어떤 변화가 생겨났을 거라고 예상하나요?

15 머니 볼 전략이 훼손한 것은 무엇일까요?

통계학적 분석을 바탕으로 새로운 전술을 구사한 오클랜드 애슬레틱스는 기존 야구 전략과 다른 머니 볼 전략으로 2002년 아메리칸 리그 서부 지구에서 우승을 차지했어요. 오클랜드 애슬레틱스는 홈런이나 도루 같은 화려한 플레이보다는 확실하게 점수를 딸 수 있도록 출루율을 높이는 전략을 사용했지요. 그러나 오클랜드 애슬레틱스의 영광은 오래가지 못했어요. 점차 많은 야구팀이 오클랜드 애슬레틱스의 효율적인 경기 운영을 따라 했거든요. 다른 팀들도 타자가 배트를 휘두르는 횟수를 줄여 포볼을 더 많이 얻어 내려고 했어요. 또 주자가 대담하게 달려 나가는 도루 횟수를 줄여 불필요하게 아웃당하지 않도록 했지요. 화려한 플레이보다 효율적으로 점수를 내기 위한 플레이를 중요시한 거예요.

여기서 한 가지 의문이 생겨요. 사람들은 재미있는 경기를 보기 위해 프로 스포츠 경기를 관람해요. 그런데 과연 효율성을 극대화한 야구도 이전의 야구만큼 재미있을까요? 이제 야구 경기장에서 시원한 스윙과 멋진 홈런, 가슴 떨리게 하는 도루의 스릴은 자주 볼 수 없게 되었지요. 효율적으로 점수를 더 많이 내기 위한 확률 게임만이 벌어지는 야구는 과거의 재미를 잃고 말았어요. 머니 볼 전략은 효율성을 극대화했지만, 야구 경기가 지닌 재미와 의미를 퇴색시켰어요.

한편 효율을 중요하게 여기는 머니 볼 전략은 정치, 사회 등 미국 내의 여러 영역으로 확대되었어요. 환경 규제 분야에서는 헌신적인 환경 운동가의 자리를 비용과 수익 분석에 유능한 사람들이 차지했어요. 현명하고 젊은 변호사들의 역할이 컸던 미국 대통령 선거에서는 경제학자들과 경영 전문가들이 그 자리를 대신했지요. 금융 기업이 모여 있는 월가에서는 직접 고객들을 만나던 숙련된 사람들 대신 컴퓨터를 잘 다루는 사람들이 더욱 복잡한 금융 상품들을 만들어 냈어요. 그 분야에서 추구해야 하는 전문성보다 효율성을 극대화하는 쪽을 미덕으로 여기는 풍조가 널리 퍼지게 된 거예요.

시장 경제가 우리 사회의 많은 부분을 차지하게 되면서, 우리는 시장을 좀 더 효율적으로 만드는 일에 몰두하게 되었어요. 우리 사회에서는 경제성과 효율성이 가장 중요한 가치가 되어 가고 있지요. 그러나 우리의 삶이 궁극적으로 추구해야 할 방향이 효율성일까요? 우리 사회가 진정으로 추구해야 하는 것은 공동체 의식이나 이타주의, 협동심이나 배려 등 소중한 가치들이 아닐까요? 그럼으로써 사회가 우리를 더 나은 삶으로 이끌어 가도록 해야 하지 않을까요?

이제 우리가 살아가고 있는 사회를 돌아보세요. 혹시 지나치게 효율성만을 강조하는 동안, 더 나은 삶으로 향하는 방향을 잃어버리고 있지 않은가요? 우리 사회는 더 나은 방향으로 나아가고 있나요? 아니면 소중한 가치들을 훼손하고 있나요?

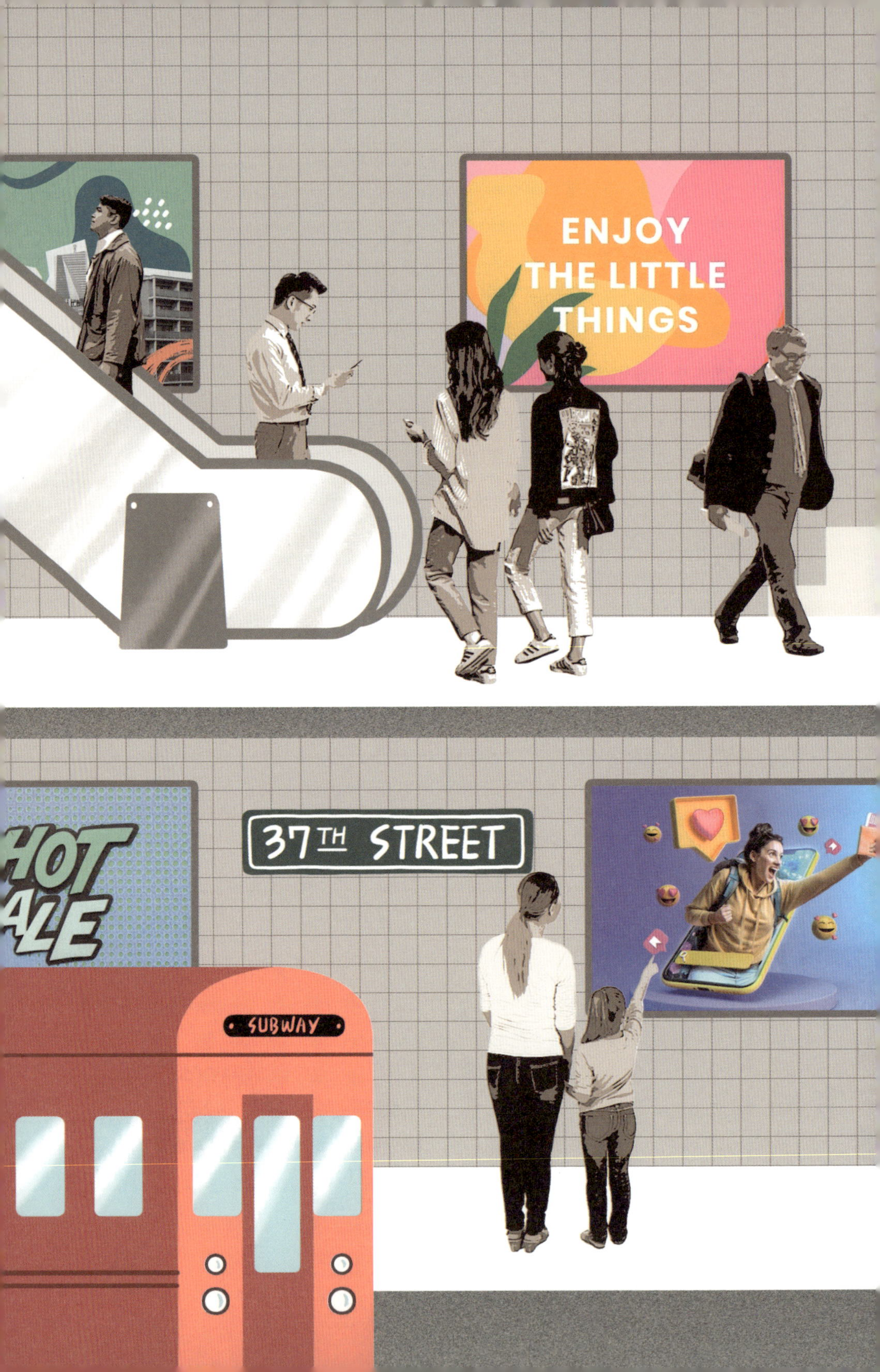
ENJOY
THE LITTLE
THINGS
37TH STREET
HOT
ALE
SUBWAY

16
광고가 넘쳐 나는 세상에 살면?

놀랍고 기발한 장소에 나타나는 광고들.
우리 삶의 많은 영역에 광고가 파고들고 있어요.
어떤 뜻밖의 장소에
얼마나 신기한 광고들이 붙고 있는지,
놀랄 준비가 되었나요?

여러분의 자동차나 집을
광고판으로 만들어 돈을 벌 수 있다면
시도해 볼 생각이 있나요?

미국에서는 가능한 이야기예요!

차를 광고 비닐로
꾸미면
매달 900달러
(약 120만 원)
제공.

집 외관을
광고로 꾸미면
매달 집 대출금
지급.

본인 소유의 집이나 차가 없다면
내 몸을 광고판으로 쓰는 방법도 있어요.

영국 런던

이마에 일회용 문신으로
광고를 새기면 시간당
4.20파운드(약 7000원)
지급.

멕시코

식당 로고를 팔에
문신하면 점심 식사
평생 무료!

뉴질랜드 항공사

일회용 문신으로
뒤통수에 2주간 문구를 새기면
1200달러(약 160만 원)
상당의 뉴질랜드 왕복 항공권,
혹은 현금 **777달러**(약 100만 원) 지급.

미국에서는 **공공 목적**으로 세워진
시설이나 감옥, 학교에도
광고가 나붙고 있어요.

미국 노스캐롤라이나의 한 광고 회사는
광고와 상업용 로고로 치장하면,
신형 순찰차를 연간 1달러(약 1300원)에
제공하겠다고 제안했어요.

뉴욕 이리 카운티 구금 센터는
피고들이 체포된 직후
보석* 보증인과 변호사 광고를 보여 주는 대가로
광고주로부터 일주일에 40달러(약 5만 원)의 돈을 받아요.

보석
보증금을 내거나 보증인을 세우면 형사
피고인을 구금에서 풀어 주는 제도예요.

미국 기업들은
비디오, 포스터, 학습 도구를 제작하여
교사에게 무료로 제공하기도 했어요.

성적표에 광고 공간을 판매하려던 학교도 있었고,
통학 버스에 햄버거 광고를 붙인 곳도 있었지요.

> 빗발치는 광고 폭격에 도망칠 곳도 숨을 곳도 없다.
> **LA 타임스**

> **광고 맹공격**
> 선데이 타임스

> 이제 시선이 닿는 어디든 광고가 보인다.
> **뉴욕 타임스**

> **무한 광고**
> 워싱턴 포스트

> 여기도, 저기도, 온갖 곳이 광고
> **USA 투데이**

기업 후원, 간접 광고,
공공장소에 후원의 탈을 쓴 광고까지,
그야말로 '광고가 지배하는 세상'!

장소를 가리지 않고 침범하는 광고 시장을
불안하게 지켜보는 시선도 많아요.

사람들은 왜 이런 세상에
우려를 표할까요?

**우리 일상 속 어디서나 발견할 수 있는 광고들,
무엇이 문제일까요?**

16 광고를 경계해야 하는 이유는 무엇일까요?

우리는 수많은 광고를 보지요. 드라마나 TV 프로그램 속 간접 광고, 화장실, 버스, 비행기, 지나가는 자동차와 사람에 이르기까지, 집에서도 길거리에서도 수많은 광고가 우리 곁을 스쳐 지나가요. 많은 사람이 이러한 '광고의 홍수'를 비판적으로 바라보고 불쾌감을 느껴요. 사람들이 지나치게 많은 광고를 비판하는 이유는 무엇일까요?

앞서 여러 다른 상황에서도 살펴보았듯, 광고에 대해서도 강압과 불공정의 측면에서 비판할 수 있어요. 광고에 참여하는 개인의 결정이 온전히 자유로운 선택이 아닐 수 있다는 점이에요. 경제적 어려움 때문에 원하지 않는 선택을 한 사람들이 있을 수 있으니까요. 자유로운 시장에서는 재화를 사고파는 조건이 공정해야 하고, 누구도 다급한 경제적 필요 때문에 강압당하지 않아야 해요.

부패와 타락의 측면에서 지나치게 많은 광고를 비판하기도 해요. 전광판이나 지하철 광고판처럼 애초에 광고를 위해 만들어진 장소는 광고를 걸어도 그 가치가 변질되지 않아요. 하지만 어떤 대상이나 기업의 로고를 새기면 그 가치가 바뀌는 것들이 있어요. 시장이 대상에 흔적을 남기기 때문이에요.

개인이 자유로운 선택으로 광고 문신을 했다고 해도, 광고 문신은 개인의 품위를 떨어뜨려요. 교실에 침투한 상업주의는 교육 목적을 훼손하지요. 학교에서는 자신의 욕구를 비판적으로 돌아보고 욕구를 자제하라고 가르치지만, 광고는 무언가를 원하고 자신의 욕구를 충족하라고 부추기기 때문이에요.

광고가 있어도 되는 영역과 안 되는 영역을 결정하려면 그 광고가 공정한 과정에 의하여 설치되었는지 뿐만 아니라, 그 광고가 설치되는 대상과 얽힌 사회적 관행을 함께 살펴보아야 해요. 광고에 의한 상업화가 무언가의 소중한 가치나 의미를 부패시키지는 않는지 의문을 던져야 하지요.

그뿐이 아니에요. 일부 광고는 그 자체가 부패하지 않았더라도 사회 전체를 상업화하는 데 기여하기도 해요. 과일에 광고 스티커를 붙이고, 순찰차를 광고로 꾸미는 일은 과일의 맛을 바꾸지 않고, 순찰차의 기능을 바꾸지 않아요. 하지만 그것은 우리의 일상적인 삶에 침범하여 우리가 살고 있는 세상을 시장 가치와 상업적 감수성으로 채워 가지요. 마치 우리 사회의 모든 것이 시장 가치에 의해서만 좌우된다고 생각하게끔 말이에요.

광고가 지나치게 많은 곳으로 퍼져 나가면, 사람들이 기업 후원과 소비가 사회의 모든 것을 결정하며 가장 중요하다고 생각할 수도 있어요. 이것이 우리가 상업주의를 경계해야 하는 이유예요.

17

특별함에 숨겨진 비밀은?

남들과는 다르게, 남들보다 높게,
남들보다 고급스럽게
스포츠 경기를 즐길 수 있는 스카이 박스의 등장!
스카이 박스는 우리의 공동체 의식에
어떤 영향을 미쳤을까요?

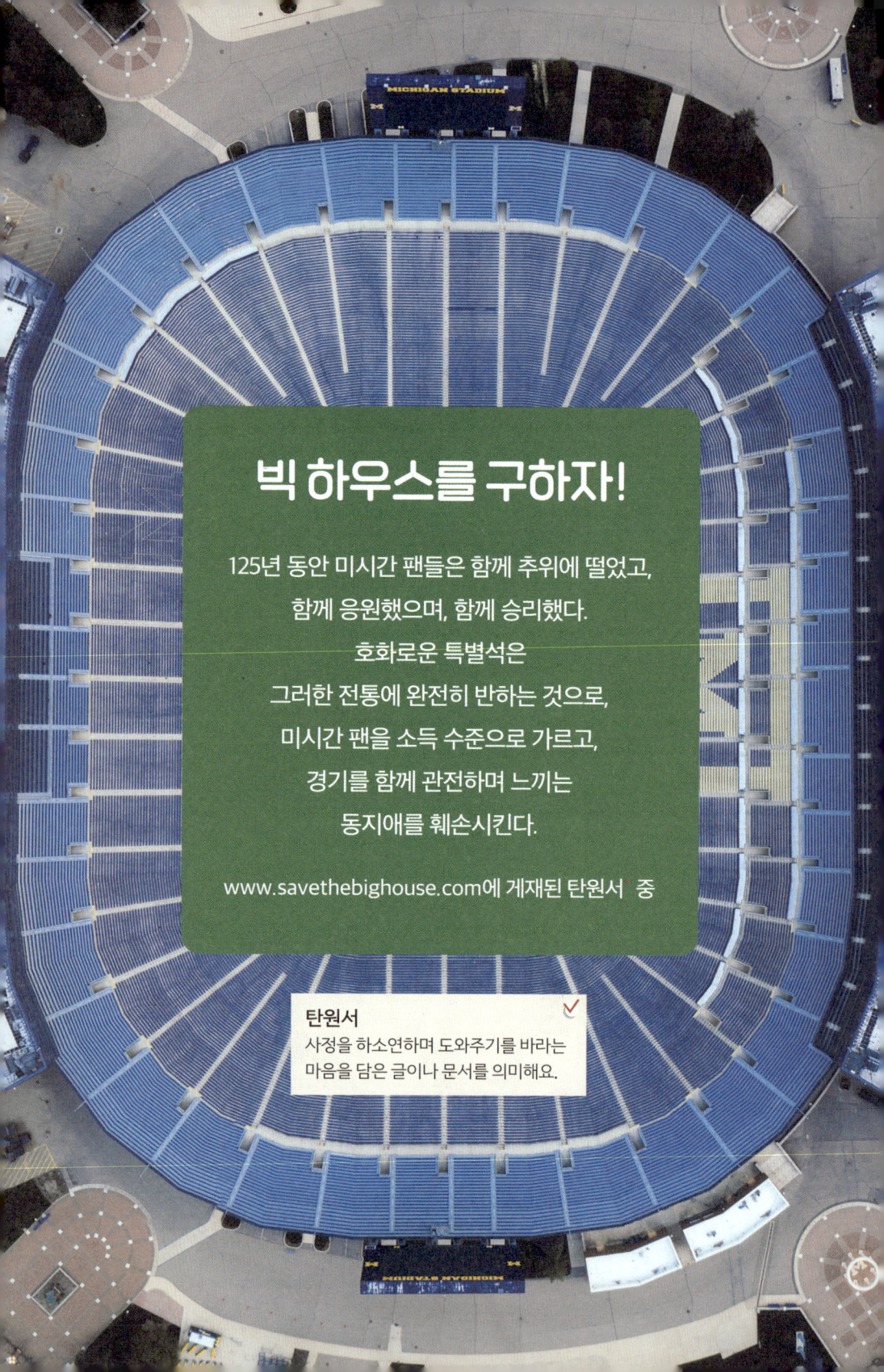

빅 하우스를 구하자!

125년 동안 미시간 팬들은 함께 추위에 떨었고, 함께 응원했으며, 함께 승리했다. 호화로운 특별석은 그러한 전통에 완전히 반하는 것으로, 미시간 팬을 소득 수준으로 가르고, 경기를 함께 관전하며 느끼는 동지애를 훼손시킨다.

www.savethebighouse.com에 게재된 탄원서 중

탄원서
사정을 하소연하며 도와주기를 바라는 마음을 담은 글이나 문서를 의미해요.

2007년 미국 최대 규모 대학 경기장을 소유한
미시간 대학교에서
경기장을 보수하면서 '**스카이 박스**[*]'를 만들려고 하자
일부 동문들이 항의에 나섰어요.

하지만 이사회는 미시간 경기장에
81개의 **호화 특별석**을 짓기로 결정했지요.

이 특별석의 시즌 입장권은
최고 8만 5000달러(약 1억 1000만 원)에 팔렸어요.

스카이 박스(Skybox)
경기장 높은 곳에 일반 관람석과 별도로
만들어 놓은 고급 관람석을 뜻해요.

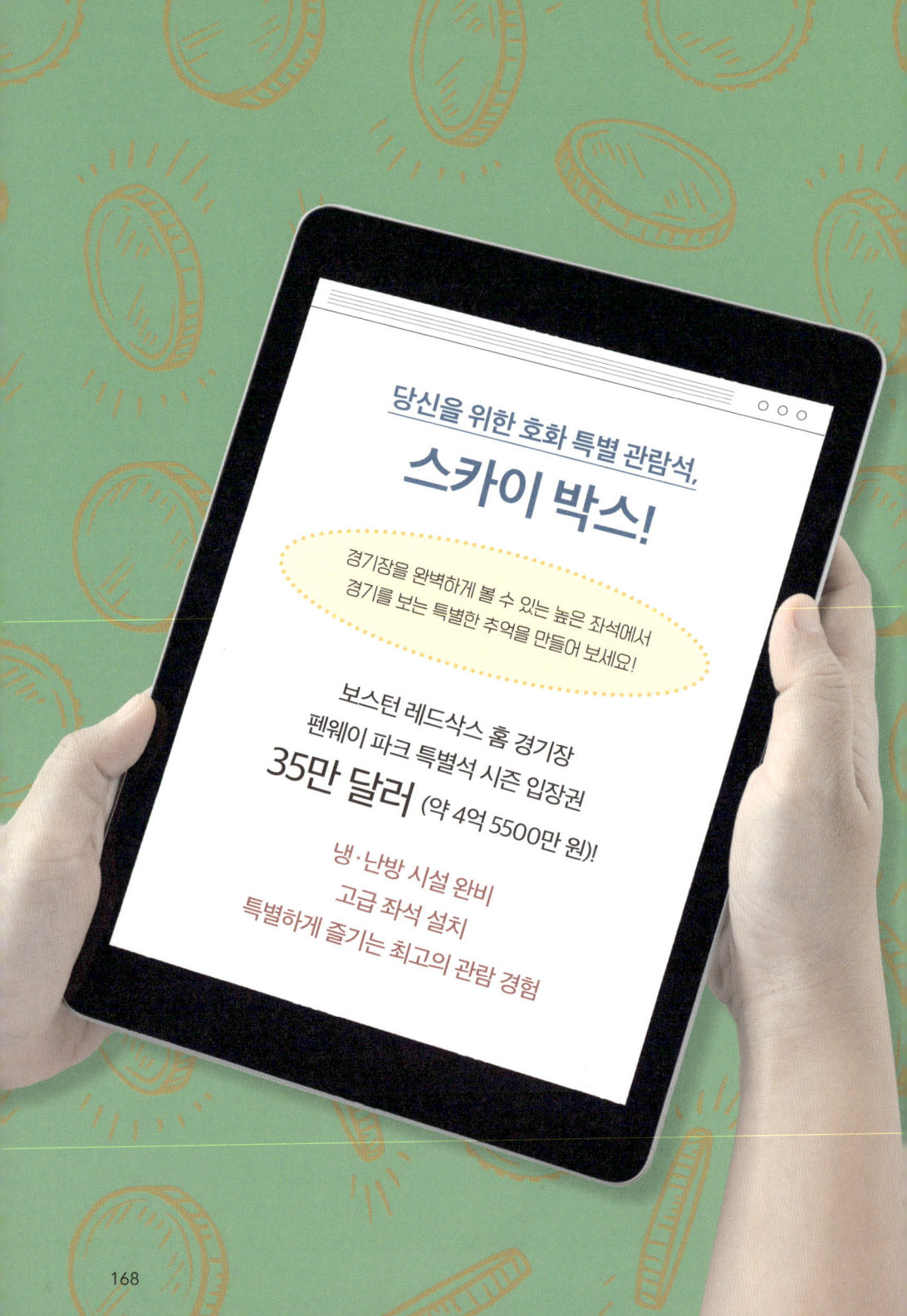

1960년대 미국 메이저 리그 야구 경기장에서
가장 비싼 좌석과 가장 싼 좌석의 가격 차이는
2달러(약 2600원)였어요.

그러나 경기장 높이 위치한 고급 관람석,
스카이 박스가 들어서면서
가격 차이는 크게 벌어졌지요.

일반석과 스카이 박스에는 어떤 관객들이 주로 앉을까요?

이렇게 관람석의 가격 차이가 크게 벌어지는 동안,
경기장에서는 어떤 현상이 벌어졌을까요?

17 스카이 박스, 단순히 돈의 문제일까요?

스카이 박스는 자신을 다른 사람들과 분리시키고 싶어 하는 엘리트들의 욕구를 부추기며 자리 잡았어요. 과거에는 같은 공간에서 경기를 관람하며 경험을 나누던 사람들이, 이제 비싼 관람석에 앉는 부자들과 일반 관람석에 앉는 보통 사람들로 나뉘며 공간과 경험이 분리되었어요. 한때 모든 계층의 사람들이 어울리며 즐기던 스포츠 관람이 지금은 계층 간의 차이를 부각시키고 있지요. 이렇듯 다른 계층과 경험을 공유하지 못하는 사회는 어떻게 될까요?

시장의 영역이 넓어져 더 많은 것을 돈으로 사고팔게 될수록 경제력에 따른 불평등은 점차 심해지고, 다양한 계층에 있는 사람들이 서로 마주치며 경험을 공유할 기회가 줄어들어요. 부유한 사람과 가난한 사람이 분리된 삶을 살아가는 '스카이 박스 현상'이 심해지게 되지요.

시민이 공동체 생활을 공유하는 것은 민주주의 사회를 만들어 가는 데 필수 조건이에요. 민주주의 사회에서는 배경, 사회적 위치, 태도, 신념이 서로 다른 사람들이 일상 속에서 서로 마주하고 부딪치는 것이 중요해요. 그래야 우리 모두를 더 나은 삶으로 이끌어 가는 국가나 사회, 또는 온 인류를 위한 '공공선'에 관심을 갖고 서로를 위한 논의를 해 나갈 수 있지요.

이 책에서 우리는 시장이 어떻게 재화의 성질을 바꾸는지 생각해 봤어요. 시장에 속하는 것과 시장에 속하지 않는 것 그리고 속해서는 안 되는 것이 무엇인지 생각해 보아야 한다고 했지요. 이러한 질문의 답은 각각의 재화가 가지는 의미와 목적, 가치에 대해서 고민해야만 찾을 수 있어요.

우리는 다른 사람이 반대할까 봐 자신이 가진 도덕관과 가치관에 대해 의견을 내지 못할 때가 있어요. 하지만 이런 이야기를 꺼릴수록, 우리 사회는 시장이 우리를 대신하여 도덕적 결정마저 내려 버리는 시장 사회로 나아가게 될 뿐이에요.

이제 우리가 소중하게 생각하는 사회적 관행, 가치와 의미를 많은 사람에게 알리고 토론하며 우리가 나아가야 할 길을 찾아야만 해요. 그래야 시장이 우리를 대신하여 결정하거나 우리의 도덕과 관습을 무시하며 그 영역을 끝없이 넓혀 나가는 것을 막을 수 있지요.

시장을 어디까지 허용할 것인지에 관한 문제는 우리가 어떻게 함께 살아갈 것인지를 결정하는 것이기도 해요. 모든 것을 사고팔 수 있는 사회는 우리 모두가 추구해야 할 공공선으로 나아가는 사회가 될 수 있을까요? 돈으로 살 수 없는 재화, 돈으로 사서는 안 되는 재화는 무엇일까요? 이 문제의 정답은 우리 공동체가 함께 논의하고 찾아 나가야 해요.

《10대를 위한 돈으로 살 수 없는 것들》에 대하여

김선욱_《10대를 위한 돈으로 살 수 없는 것들》 감수

이 책은 《돈으로 살 수 없는 것들》에 나오는 여러 사례를 활용하여 10대가 쉽게 읽고 자기 힘으로 생각할 수 있도록 친절하게 만든 책입니다. 마이클 샌델 교수는 하버드 대학교의 정치학과 교수이며, '정의'에 관한 명강의를 통해 큰 명성을 얻었습니다. 고등학교 시절에는 토론 동아리 리더로서 활발히 활동했습니다. 당시 캘리포니아 주지사는 훗날 대통령이 되는 로널드 레이건이었는데, 샌델은 학생을 대표해서 직접 그에게 연락하여 학교 강당에 모시고 토론회를 열기도 했습니다. 마이클 샌델 교수는 고등학생 때 이미 사회 문제에 대해 깊이 고민하며 친구들과 열심히 토론하는 학생이었습니다.

마이클 샌델 교수가 쓴 《정의란 무엇인가》는 2010년 한국에 출간되었을 때 어마어마한 관심을 끌었습니다. 이 책은 지금도 널리 읽히고 있습니다. 그 뒤로도 마이클 샌델 교수는 다양한 주제에 관하여 책을 썼습니다. 정의에 대한 도덕적 관심을 넘어 현대 사회의 중요한 주제들을 다루었습니다. 생명 과학, 중국의 정치, 자유와 평등, 능력주의, 빈부 격차, 세계화, 그리고 민주주의 등에 대한 고민을 담아 책을 썼습니다.

마이클 샌델 교수는 《정의란 무엇인가》에서 그랬듯 《돈으로 살 수 없는 것들》에서도 우리 사회에서 일어날 수 있는 사례들을 예시로 다루었습니다. 《돈으로 살

수 없는 것들》에 담은 문제들은 책 제목에서 보듯 모두 돈과 관련된 문제들입니다. 좀 더 자세히 말하면 이 책은 돈으로 재화를 거래하는 시장의 역할에 관한 생각을 끌어내고자 쓰였습니다.

우리 사회에서는 많은 것이 시장에서 거래되고 있습니다. 그중 어떤 것은 시장에서 거래되는 것이 심각한 문제가 될 수 있습니다. 장기 밀매를 예로 들 수 있을 겁니다. 인간의 장기를 거래하는 것은 불법이지만, 돈으로 장기를 사고파는 일이 실제로 일어나고 있습니다. 이런 명백한 범죄가 아니더라도 어떤 결론을 내려야 할지 고개를 갸우뚱하게 만드는 사례들도 많습니다.

이 책에서 다루는 첫 번째 사례인 줄 서기에 대해 잠시 살펴봅시다. 법안 공청회는 의회가 법을 만들 때 관련 단체와 시민의 생각을 법에 반영하기 위한 중요한 절차입니다. 민주주의가 발달한 미국에서는 공청회가 자주 열립니다. 공청회 시간이 정해지면 관련 단체 대표와 시민은 줄을 서서 입장을 기다립니다. 그러나 원한다고 해서 모두가 공청회에 참석할 수 있는 것은 아닙니다. 제한된 공간에 정해진 인원만 선착순으로 공청회에 입장할 수 있습니다.

공청회에서 다룰 법안과 관련된 단체는 다양합니다. 이익에 관련된 영리 단체가 있는가 하면, 시민의 관점에서 공익을 중심으로 법안을 살펴보고 적극적으로 활동하는 비영리 시민 단체도 있습니다. 비영리 시민 단체는 기부금으로 운영되기 때문에 재정이 넉넉하지 않은 경우가 많습니다. 반면 영리 단체는 돈을 목적으로 결성되었기에 상대적으로 재정 상황이 넉넉한 경우가 많습니다. 돈이 적든 많든, 사람들은 법안에 자신들의 입장을 반영하기 위해 공청회에 참석해 발언하고자 합니다. 또 자기 이익에 반대하는 입장을 가진 단체가 입장하는 것을 못마땅하게 여기기도 합니다. 이럴 때 돈이 많은 영리 단체는 사람을 고용해 공청회에 들어가는 줄을 아주 일찍부터 서게 합니다. 그렇게 자기 단체에 우호적인 발언을 할 사람들로 공청회 장소를 채웁니다.

이런 상황이 벌어지면, 선착순 줄 서기가 가진 공정성이 무너지고 맙니다. 대리 줄 서기를 향한 우리의 불편한 마음과는 달리, 돈을 받고 대신 줄을 서는 일은 법적으로 문제가 없는 것으로 보입니다. 그런데 이 일이 정말로 괜찮은 일인가요? 시민의 의견을 듣는 공간을 돈을 써서 자기 사람으로 채우는 것이 공정한가요? 줄 서기 거래가 이루어지면서 줄 서기의 본질인 공정이라는 가치가 변질되었다는 점은 분명합니다.

공정의 가치와 연관된 줄 서기의 다른 사례도 많습니다. 놀이공원에서는 돈을 더 낸 사람에게 놀이 기구 우선 입장을 허용하고, 유명 의사의 선착순 진료권이 수수료를 받고 판매됩니다. 《돈으로 살 수 없는 것들》에서는 줄 서기의 공정성뿐 아니라 생명의 가치와 시장의 문제를 다루는 사례나 인간의 선의를 돈으로 사려는 시도를 보여 주는 예도 다룹니다.

성적이 오를 때 돈으로 인센티브를 준다면 무엇이 변질될까요? 돈 많은 비장애인이 벌금을 감수하며 장애인 전용 주차 구역에 주차한다면 어떤 가치를 변질시킬까요? 《돈으로 살 수 없는 것들》에서 다루어지는 사례를 읽을 때마다 우리는 해당 사례에 어떤 가치가 연관되어 있는지 그리고 그것을 돈으로 거래하고자 할 때 그 가치가 어떻게 변질되는지를 생각해 보게 됩니다.

우리 사회에서는 점점 더 많은 것이 돈으로 거래되고 있습니다. 또 잘못된 일을 돈으로 무마하기도 합니다. 이것은 시장이 우리 일상의 가치를 침해하는 현상입니다. 시장이 모든 것을 지배하는 '시장 사회'로 변화하고 있다는 뜻이기도 합니다.

여러분은 시장이 모든 것을 지배하는 사회에서 살고 싶나요? 여러분이 돈 많은 부자라면 그런 세계가 '유토피아'일까요? 그렇지 않습니다. 그런 사회에서는 모든 인간적 가치가 거래의 대상이 될 것입니다. 거래의 대상이 되면 그 가치의 인간적인 면은 사라집니다. 그런 세상은 인간다운 삶이 불가능한 불행한 사회가 되고 말 겁니다.

이 책에서 다루는 것은 돈과 시장의 문제로 보이지만, 궁극적으로 우리가 소중히 여기는 인간적인 가치에 관한 문제이기도 합니다. 그리고 이것은 문화의 문제이기도 합니다. 문화는 인간이 만들지만, 문화가 인간을 만들기도 합니다. 우리는 우리가 속한 사회의 문화 속에서 성장할 수밖에 없습니다. 따라서 바람직하지 않은 문화가 우리의 삶을 지배하기 전에, 우리 사회의 문화가 좋지 않은 방향으로 변질되어 가는 것을 막아야 합니다. 그래야만 인간다운 삶이 가능한 사회를 유지할 수 있습니다.

우리가 어떻게 생각하는가에 따라 많은 일을 바꾸어 갈 수 있습니다. 이를 위해 마이클 샌델 교수는 《돈으로 살 수 없는 것들》을 통해 우리가 어떤 의식을 갖고 세상을 살아갈 것인지 생각해 보기를 권합니다. 좋은 시민은 내게 무엇이 이익이 되고 손해가 되는지만을 생각하지 않습니다. 시민 의식을 가지기 위해 우리는 사회에서 일어나는 일을 바로 알아야 하고 공동체 전체를 생각할 줄 알아야 하며 공동체가 위기에 빠지면 나 역시 위험에 처한다는 것을 인식해야 합니다.

전쟁과 같은 일만 공동체의 위기가 아닙니다. 도덕적 위기에 빠지는 것도 공동체에 엄청난 위기를 가져옵니다. 모두가 시민 의식을 갖고 우리의 문화를 고쳐 나갈 때, 여러 정치적·사회적 문제를 극복하고 바람직한 사회를 세울 수 있습니다. 이것은 바람직한 민주주의를 만드는 길이기도 합니다. 민주주의의 동력은 바로 시민이기 때문입니다.

정의란 무엇인지 고민하는 일이나 돈으로 살 수 없는 인간적 가치가 무엇인지를 탐구하는 일은 결국 '우리가 어떻게 바람직한 민주주의 사회를 만들 수 있는가?'라는 더 큰 문제로 연결됩니다. 이것이 마이클 샌델 교수가 가진 큰 그림입니다. 여러분 모두 주어진 문제에 대하여 더욱 깊이 고민하고 생각하며 민주주의 사회의 성숙한 시민으로 성장하기를 바랍니다.

나만의 답을 찾아보세요!

이현희_《10대를 위한 돈으로 살 수 없는 것들》 글쓴이

　한국 사회에 '정의란 무엇인가?' 열풍을 불러일으키고 능력주의 사회의 문제점을 조목조목 비판한 마이클 샌델 교수가 또 다른 책으로 우리나라 10대들을 찾아왔어요. 사실 이 책의 원저인《돈으로 살 수 없는 것들》은 2012년에 출간된 책이에요.《돈으로 살 수 없는 것들》에 담긴 내용은 같은 해 봄, 하버드 대학교에서 '시장과 도덕(Markets & Morals)'이라는 이름의 철학 강의로 개설되었어요. 강의 첫날, 수강 신청에 성공하지 못한 학생들까지 강의실에 몰려드는 바람에 더 넓은 강의실로 수업을 옮기는 해프닝까지 벌어졌어요. 이토록 인기가 많았던 강의를 10대들이 쉽게 이해할 수 있도록 정리해 쓴 책이 바로《10대를 위한 돈으로 살 수 없는 것들》이에요.

　왜 지금 이 책을 다시 읽어야 할까요? 마이클 샌델 교수가《돈으로 살 수 없는 것들》을 통해 던지는 질문이 자본주의 사회에 사는 우리 모두가 한 번쯤 고민해 볼 문제이기 때문이에요.

　언젠가부터 우리는 돈만 있으면 안 되는 것이 없다고 믿는 '물질만능주의' 시대에 살고 있어요. 우리 주변을 조금만 둘러보면 '이런 것까지 사고 팔 수 있다고?' 하는 의구심이 들게 하는 것들이 많이 있지요. 그러나 우리

는 별생각 없이 돈을 주고 많은 것을 사고팔아요. 마이클 샌델 교수는 이러한 세상을 향해 질문을 던져요. 우리가 당연하게 돈을 내고 사고파는 것들이 정말 돈으로 사고팔아도 되는 것들이냐고요.

이 책에는 마이클 샌델 교수가 시장 만능주의의 도덕적 한계에 대해 오랫동안 고민한 내용이 담겨 있어요. 새치기, 인센티브, 시장과 도덕, 삶과 죽음의 시장, 명명권(명칭 사용권) 등을 주제로 다양하고 생생한 사례들을 보여 주며 시장을 둘러싼 흥미진진한 논쟁을 펼치지요.

《정의란 무엇인가》와 《공정하다는 착각》에서 그랬던 것처럼 이번에도 마이클 샌델 교수는 우리에게 '시장과 도덕'에 대해 직접 생각하고 깊게 논의할 것을 요구해요. 이 책에는 미국 등 다른 나라의 사례들이 많이 등장하지만, 우리나라의 상황도 크게 다르지 않아요. 우리나라의 비슷한 사례를 찾아 비교해 보는 것도 책을 읽는 또 다른 재미가 될 거예요.

마이클 샌델 교수 특유의 문답식 토론과 도발적인 질문은 때론 판단하기 어렵고 혼란스러울지도 몰라요. 그래도 포기하지 마세요. 어렵다고 느껴지면 선생님이나 부모님, 친구들과 대화하면서 서로의 생각을 나눠 보세요. 우리가 당연하다고 받아들였던 모든 것을 의심하고 함께 논의하다 보면 나만의 답을 찾게 되는 순간을 만나게 될 테니까요. 그런 순간이 쌓이다 보면 세상을 넓게 바라보고 스스로 사고할 힘을 기를 수 있을 거예요.

《10대를 위한 돈으로 살 수 없는 것들》 읽으며 마이클 샌델 교수와 함께 돈과 도덕의 가치에 대해 알아보고, 나만의 답을 찾아보세요.

찾아보기

가치 판단	9, 34, 83
가치 평가	9, 64, 75
건강 보험	40
계층	170
공공 정신	92
공공선	170~171
공공장소	142~143, 161
공공재	92
공동체	92, 99, 143, 170~171, 175
공동체 의식	101, 105, 142~143, 153, 164
공리주의자	16
공정성	8, 16~17, 24, 44, 74, 104, 173~174
공청회	12, 173
광고	141~142, 155~163
규범	9, 52~53, 82, 92
뇌물	43~45, 89, 92
데스 풀	125, 131~132
도덕적 판단	9, 52~53, 64~65, 83
도박	109, 115, 120, 122, 125, 127, 129, 131~133, 138
로런스 서머스	149
롤런드 G. 프라이어 주니어	28, 30
루소	105
리처드 티트머스	96, 98, 104
리처드 포즈너	71
머니 볼	144, 147~152
명명권	139
명예	66, 69, 74
민주주의	9, 170, 172~173, 175
배출권	8, 52
벌금	46, 48~53, 174
병원	19, 21, 24~25
보상금	38, 41, 88~89, 92
보험금	20, 106, 108, 111~113, 117, 120~121
보험료	118, 120
보험법	112, 120
부패	8~9, 17, 34~35, 45, 73, 74~75, 82, 92, 104, 133, 143, 162~163
불평등	8, 74~75, 170
빌리 빈	146~147
사냥 권리	55, 57~59, 60~62, 64, 73
사랑의 경제화	105
상업주의	162~163

상업화	100, 104, 142~143, 163	암살	126, 129
상품화	53, 93, 99, 104	암표	10, 17
상품화 효과	104	연회비	21, 24
새치기	13	요금	46, 50~53
생명 보험	106, 108~113, 117~121, 132	우정	66, 68, 70, 74, 82
선거	128, 152	이타주의	99, 101, 105, 153
선물	77~83	인센티브	28, 30~31, 33~35, 38, 40~45, 90~91, 174
선물 시장	127~130, 132~133	입양	66, 71, 74
세금	44, 112~113	자유 시장	15~16, 128
수집품	137~139, 142	자유지상주의자	18
스카이 박스	164, 167~170	재화	9, 16~17, 24~25, 34, 53, 64, 72~75, 93, 104, 137, 162, 170~171, 173
시민	8, 17, 53, 87, 92~93, 101, 142, 170, 173~175	전담 의사	21, 23~25
시민 의식	9, 92, 105, 175	조엘 월드포겔	79
시장	8~9, 15, 53, 64, 70~75, 82, 93, 98, 100~101, 104~105, 127~128, 133, 143, 153, 161~163, 170~171, 173~174	줄 서기	8, 10, 14~17, 24, 173~174
		체중 감량	39~41, 44
시장 가격	9, 121	케네스 애로	100, 104~105
시장 경제	8, 17, 65, 75, 153	테러리즘	127~130, 132~133
시장 논리	24~25, 35, 44~45, 52, 59, 61, 64, 82~83, 92~93, 143	투자	52, 109, 112~113, 115, 118~121
		투표	86
시장 사회	8~9, 171, 174	프레드 허슈	104
아리스토텔레스	105	핵 폐기물	86~87
안전망	112	헌혈	95~97, 102, 104~105
앨릭스 타바록	80		

하버드대 마이클 샌델 교수의 경제 수업
10대를 위한 돈으로 살 수 없는 것들

원저 마이클 샌델
글 이현희 | **그림** 문수민 | **감수** 김선욱

펴낸날 2023년 12월 20일 초판 1쇄, 2025년 7월 1일 초판 6쇄
펴낸이 신광수 | **출판사업본부장** 강윤구 | **출판개발실장** 위귀영
아동인문파트 김희선, 설예지, 이현지 | **출판디자인팀** 최진아 | **외주디자인** 올디자인
출판기획팀 정승재, 김마이, 이아람, 전지현
출판사업팀 이용복, 민현기, 우광일, 김선영, 이강원, 신지애, 허성배, 정유, 정슬기, 정재욱, 박세화, 김종민, 정영묵
출판지원파트 이형배, 이주연, 이우성, 전효정, 장현우
펴낸곳 ㈜미래엔 | **등록** 1950년 11월 1일 제16-67호 | **주소** 서울특별시 서초구 신반포로 321
전화 미래엔 고객센터 1800-8890 **팩스** 541-8249 | **홈페이지 주소** www.mirae-n.com

ISBN 979-11-6841-756-4 73300

*책값은 뒤표지에 있습니다. 파본은 구입처에서 교환해 드리며, 관련 법령에 따라 환불해 드립니다.
 다만 제품 훼손 시 환불이 불가능합니다.

KC 마크는 이 제품이 공통안전기준에 적합하였음을 의미합니다.
사용 연령: 8세 이상